PATROCINEI!

IVAN MARTINHO

PATROCINEI!

O GUIA DEFINITIVO DE ESTRATÉGIAS DE PATROCÍNIO IMPACTANTES E O FUTURO DO MARKETING ESPORTIVO E DE ENTRETENIMENTO

ALTA BOOKS
GRUPO EDITORIAL

Rio de Janeiro, 2025

Patrocinei!

ISBN: 978-85-508-2524-3

Impresso no Brasil — 1ª Edição, 2025 — Edição revisada conforme o Acordo Ortográfico da Língua Portuguesa de 2009.

Dados Internacionais de Catalogação na Publicação (CIP)
(BENITEZ Catalogação Ass. Editorial, MS, Brasil)

M34p
1.ed. Martinho, Ivan
Patrocinei! : o guia definitivo de estratégia de patrocínio impactantes e o futuro do marketing esportivo e de entretenimento / Ivan Martinho. – 1.ed. – Rio de Janeiro : Alta Books, 2025.
208 p.; 15,7 x 23 cm.

ISBN 978-85-508-2524-3

1. Esportes – Entretenimento – Marketing. 2. Esportes – Patrocínio. 3. Marketing esportivo. 4. Podcast. 4. Redes de negócios. 5. Planejamento estratégico – Esportes. I. Título.

10-2024/35 CDD 796.0698

Índice para catálogo sistemático:
1. Marketing esportivo 796.0698
Aline Graziele Benitez – Bibliotecária – CRB-1/3129

Grupo Editorial Alta Books

Produção Editorial: Grupo Editorial Alta Books
Diretor Editorial: Anderson Vieira
Editor da Obra: J. A. Ruggeri
Vendas Governamentais: Cristiane Mutüs
Gerência Comercial: Claudio Lima

Produtora Editorial: Ana Clara Tambasco
Revisão: Carol Colffield e Ederli Fortunato
Diagramação: Junior Santos
Capa: Michel Youssef El Chemorr

ALTA BOOKS
GRUPO EDITORIAL

Rua Viúva Cláudio, 291 — Bairro Industrial do Jacaré
CEP: 20.970-031 — Rio de Janeiro (RJ)
Tels.: (21) 3278-8069 / 3278-8419
www.altabooks.com.br — altabooks@altabooks.com.br
Ouvidoria: ouvidoria@altabooks.com.br

Editora **afiliada à:**
ASSOCIADO

Sumário

DEDICATÓRIA

Aos incansáveis profissionais da indústria do esporte e entretenimento: vocês são os verdadeiros mestres da magia, capazes de transformar eventos em experiências épicas. Neste livro, celebro todos vocês que tornam possível o espetáculo, misturando trabalho árduo com uma pitada generosa de humor. Que cada patrocínio seja um gol de placa e cada projeto um espetáculo digno de aplausos de pé! Vocês são a estrela principal desta narrativa! Brilhem sempre!

AGRADECIMENTOS

Ao meu saudoso pai, Herminio, cujo espírito empreendedor e paixão pelo esporte inspiram meu caminho. À minha mãe, Maria Lúcia, e aos meus irmãos, André e Fábio, por serem a equipe de apoio mais valiosa. À minha amada esposa, Fran, pelo patrocínio incondicional em todas as minhas empreitadas, e às minhas filhas, Victoria e Alicia, as verdadeiras estrelas deste espetáculo familiar. Este livro é um tributo a vocês, que transformam cada capítulo da minha vida em uma experiência digna de palco.

INTRODUÇÃO

A ideia de escrever este livro tem muito a ver com o feedback que recebi depois de ter criado o podcast homônimo, *Patrocinei!*. Sou professor desde 2012, e ensinar está entre as coisas que realmente gosto de fazer. Este livro é uma extensão do objetivo de concentrar todas as informações acumuladas a partir de aprendizados obtidos ao longo de mais de vinte e cinco anos de carreira profissional, dos quais metade foram dedicados especificamente a empresas de esporte e entretenimento, assim como à atuação com patrocínios.

Ainda que sejam voltadas ao mercado, nenhuma graduação em marketing ou publicidade e propaganda no Brasil inclui a cadeira de patrocínios como matéria obrigatória na grade curricular do bacharelado de quatro anos.

Mesmo as melhores escolas de negócios do país ignoram a disciplina de patrocínios, exceto por alguns cursos complementares ou disciplinas em programas de pós-graduação. Quem tem conhecimento e know-how sobre o tema, é porque aprendeu na prática.

Por outro lado, a associação de marcas por meio do patrocínio cresce sistematicamente a cada ano, seja nos esportes, na cultura ou no entretenimento. O que falta são profissionais para gerir essas contas.

Quando lancei o podcast *Patrocinei!*, tinha o intuito de entender as motivações de quem compra e investe em patrocínios a partir do olhar dos diretores de marketing das empresas. Tendo em vista o cenário de gap de conhecimento prático e teórico sobre o tema no mercado, tive o ímpeto de adicionar mais um objetivo ao projeto: compartilhar conhecimento de qualidade e educar o mercado sobre patrocínios.

O livro *Patrocinei* se propõe a ser um compilado de tudo o que, a meu ver, deveria ser conhecimento básico — e basilar — sobre patrocínios, tanto para quem quer investir em patrocínio quanto para aqueles que querem obter ou vender patrocínio para marcas interessadas.

A relação entre propriedades patrocinadas e marcas difere da relação estabelecida em contratos de publicidade. Portanto, o retorno sobre o investimento também deve ser avaliado por meio de métricas diferentes das utilizadas para mensurar o retorno do investimento em mídia convencional. A verdade é que este livro faz parte de um sonho de transformar essa indústria através da profissionalização, da soma e compartilhamento de conhecimentos, além de colaborar com a aproximação dos profissionais do setor a um tema que, para mim, é tão interessante e tão caro.

PARA LER E ENTENDER MELHOR

Tendo em vista que os patrocínios não são um tema corrente nas bibliografias de marketing e publicidade, é possível que você não esteja familiarizado com alguns termos que serão bastante usados ao longo deste livro. Para facilitar a compreensão, segue um pequeno glossário com as definições usadas no âmbito do patrocínio para alguns termos importantes.

— **anúncio:** mensagem publicitária destinada a informar ou persuadir o público-alvo em relação a um produto, serviço, evento ou, até mesmo, ideia. Podem ser veiculados por meio de canais como televisão, rádio, internet, jornais, revistas, outdoors e outros meios de comunicação.

— **arena:** local destinado à realização de eventos como competições esportivas, apresentações musicais e outros espetáculos.

— ***asset*:** o mesmo que *ativo*.

— **ativação de marca:** estratégias e ações realizadas para maximizar o impacto e a visibilidade da marca em um evento ou propriedade patrocinada, visando promover a marca do patrocinador, construir conexões emocionais com o público e aumentar o reconhecimento da marca.

— **ativo:** evento, projeto, propriedade, iniciativa ou indivíduo que possa ser patrocinado. A marca se vincula a um ativo buscando benefícios como visibilidade, marketing, engajamento da audiência, associação positiva, entre outros.

— ***buy side*:** comprador, ou seja, empresa ou marca que adquire o patrocínio.

— **CRM *(customer relationship management)*:** abordagem estratégica e/ou ferramentas voltadas à coleta e sistematização de dados, assim como à gestão do relacionamento com o cliente. O objetivo principal do CRM é entender, antecipar e gerenciar as necessidades dos clientes de maneira eficaz.

— **equipe:** grupo de indivíduos que se unem para competir em eventos promovidos por uma entidade ou organização esportiva.

— ***fit*:** compatibilidade ou harmonia entre a marca e o ativo patrocinado. Quando há um bom *fit*, significa que a associação entre eles faz sentido e é vantajosa para ambas as partes.

— **mídia:** meio usado para transmitir mensagens, informações ou entretenimento para uma audiência ampla. Desempenha um papel fundamental na sociedade ao disseminar conhecimento e cultura, facilitar a comunicação entre pessoas, Estados e organizações, e influenciar a opinião pública.

— ***naming rights*:** direito de uma organização ou marca de nomear um espaço, como um estádio, arena, teatro, centro de convenções ou qualquer outra instalação, como parte de um acordo de patrocínio.

— **patrocínio:** tipo de venda consultiva, caracterizada pela relação, preferencialmente de médio ou longo prazo, entre a marca patrocinadora e a marca do ativo patrocinado. Mais do que o aspecto financeiro, o que verdadeiramente importa nessa relação é qual é o problema que o patrocínio resolve.

- **propriedade:** qualquer ativo, evento, espaço ou indivíduo que possa ser patrocinado por uma marca como parte de sua estratégia de marketing. Pode incluir programas de televisão, equipes esportivas, entre outros. É o meio ao qual a marca associa sua imagem para transmitir sua mensagem ao público.
- **publicidade:** tecnologia da comunicação cujo objetivo é promover produtos, serviços, marcas ou ideias, e influenciar o comportamento ou as decisões das pessoas. Utiliza mídias para a criação e veiculação dessas mensagens persuasivas.
- ***sector rights*:** semelhante ao contrato de *naming rights*, mas que inclui somente setor(es) específico(s) de uma arena, um festival, dentre outros.
- ***sell side*:** ativo esportivo que está vendendo a oportunidade de patrocínio para as marcas.
- **time:** o mesmo que *equipe*.
- **valor:** capacidade de uma organização de criar benefícios tangíveis e intangíveis para seus acionistas, clientes, funcionários e outros *stakeholders*. Esse valor pode se manifestar de diversas maneiras, incluindo o aumento dos lucros, a melhoria da eficiência operacional, o desenvolvimento de produtos inovadores, a construção de uma marca forte, a satisfação do cliente e a responsabilidade social corporativa.
- **valores corporativos:** princípios e crenças relacionados às normas éticas que a empresa valoriza. Eles regem o comportamento e as decisões da organização, formam a base da cultura organizacional e desempenham um papel crucial na definição da identidade, bem como na orientação estratégica.

— ***vendor***: fornecedor ou prestador de serviços envolvido na implementação e execução de atividades relacionadas ao patrocínio. Desempenham papel essencial na entrega da ativação de marca.

PARTE 1
JOGADAS INICIAIS

Uma abordagem introdutória aos fundamentos do mundo dos patrocínios no esporte e entretenimento

CAPÍTULO 1

O Pontapé Inicial

> *Não quero lhe falar, meu grande amor,*
> *das coisas que aprendi nos discos...*

Se você, leitor, tem mais de trinta anos, é possível que tenha lido essa sequência de palavras já acompanhada de uma certa melodia e em um ritmo próprio. Aqueles com mais de quarenta talvez até tenham rememorado histórias e recordações mais profundas de uma época vivida, na qual a música representava um marco político e cultural na história do Brasil.

Os dois primeiros versos da música de Belchior, que foi eternizada na voz de Elis Regina, podem suscitar diferentes sensações. A primeira mensagem deles neste livro é até mesmo bastante literal: não quero falar apenas do que aprendi nos discos — ou nos livros, para ser ainda mais literal. Minha intenção é compartilhar, sobretudo, a minha experiência e os conhecimentos que tenho acumulado ao longo da minha prática na área de patrocínios.

Já para os mais jovens, principalmente os que estão ligados nos debates que acontecem nas redes sociais, a letra de *Como Nossos Pais* está associada a algo bem diferente de discussões políticas ou da transição da juventude e das percepções que vêm com a maturidade. Está mais relacionada ao marketing.

No dia 4 de julho de 2023, a Volkswagen lançou o comercial que anunciava o retorno de um clássico. O modelo ID. Buzz, versão elétrica e com design moderno da Kombi, já havia sido anunciado no ano anterior, mas não provocou nenhuma comoção entre o público. Isso, no entanto, mudou drasticamente quando seu comercial foi ao ar.

A peça publicitária mescla cenas que remetem ao passado, com uma estética que evoca a década de1970, e outras distintas e mais atuais. Nas cenas que se passam nos dias de hoje, a cantora Maria Rita aparece conduzindo o novo veículo elétrico, em um momento que aparenta ser de felicidade e de nostalgia. Ao lado dela, pilotando a clássica Kombi, está Elis Regina.

No comercial, destaca-se o momento em que figuras icônicas, Elis Regina e sua filha Maria Rita, se encontram, proporcionando uma união única entre duas gerações. Embora Elis tenha falecido em 1982, aos trinta e seis anos, e Maria Rita tivesse apenas quatro na época, a partir de 4 de julho de 2023, pudemos vê-las juntas novamente. São duas gerações de pessoas, de automóveis, de tecnologia e de audiovisual. O comercial conta ainda com vários *easter eggs*[1] como, por exemplo, um ator vestindo uma camisa com o rosto do Belchior, compositor da música utilizada no comercial.

No exato momento em que elas cantam *"você me pergunta sobre a minha paixão, digo que estou encantada como uma nova invenção"*, a nova invenção está diante dos nossos olhos.

ISSO É MARKETING

A peça publicitária obviamente suscitou várias discussões éticas relacionadas ao uso de inteligência artificial e *deep fake*. Muitos relataram emocionar-se ao assisti-la — um feito e tanto para um comercial —, enquanto outros disseram achar de mau gosto.

[1] Ligada à tradição de esconder ovos de Páscoa para serem encontrados, o termo *easter eggs* faz referência a elementos contidos de maneira discreta ou "secreta" dentro de determinadas mídias. Geralmente, esses *easter eggs* têm relação com o tema abordado, permitindo que os consumidores mais aficionados do conteúdo possam captar a referência.

Discussões éticas à parte, uma coisa é fato: naqueles dias, só se falava no comercial da Volkswagen. A busca por "kombi" no Google aumentou em mais de 100% em relação aos seis primeiros meses do ano, conforme mostra o Google Trends, e esse interesse se manteve consistente por mais de dez dias.

O lançamento do ID.Buzz provavelmente teria gerado alguns comentários e comparações com seu "modelo-mãe" e outros veículos modernos da Volkswagen, especialmente devido à semelhança com o design do Up, um veículo não tão querido quanto a Kombi. No entanto, a estratégia de utilizar inteligência artificial fez com que se falasse sobre o assunto durante vários dias.

Esse é o poder do marketing.

Quando o Ford Modelo T foi lançado em 1908, a montadora inicialmente disponibilizou o veículo em várias opções de cores, como vermelho, azul, verde e cinza, além do preto. No entanto, o preto era a cor mais popular entre os clientes, em parte graças à sua aparência distinta, que remetia à elegância, e também pela maior disponibilidade de unidades dessa cor, resultante do processo de secagem mais rápido da tinta preta disponível na época.

Por isso, em 1914, a Ford tomou a decisão de padronizar a cor de todos os Ford T produzidos. A medida visava a maior eficiência na linha de produção, uma vez que o preto acelerava o processo de fabricação em massa. Essa decisão permitiu à Ford otimizar a linha de montagem, levando-a a produzir carros de maneira mais rápida e econômica. Foi nesse contexto que Henry Ford teria dito a célebre frase: "O cliente pode ter o carro da cor que quiser, contanto que seja preto."

Em 1918, o Modelo T predominava nos Estados Unidos, e no ano seguinte, em 1919, a Ford se instalou no Brasil, tornando-se a primeira montadora em solo nacional e produzindo um modelo de caminhão, além do popular Modelo T.

Já na década de 1920, a demanda dos consumidores por variedade começou a aumentar, levando a Ford a disponibilizar novamente outras opções de cores para o T a partir de 1925. Embora o preto ainda predominasse, os clientes podiam novamente escolher entre modelos marrons, azuis e verdes, por exemplo.

A década de 1920 foi um período de crescimento significativo na indústria automobilística. Várias outras empresas, além da Ford, passaram a produzir carros, o que popularizava o acesso a eles. A General Motors (GM) tinha marcas como Chevrolet, Cadillac, Buick e Oldsmobile, cada uma voltada a diferentes segmentos do mercado, desde carros populares a modelos de luxo.

Em 1925, a Chrysler foi fundada e logo se tornaria uma concorrente expressiva no setor. Enquanto isso, a Packard, famosa por seus carros de luxo e alta qualidade, teve uma presença significativa no mercado automobilístico durante os anos 1920.

Apesar do processo produtivo consolidado, a Ford passaria a enfrentar uma concorrência cada vez mais acirrada. A resposta foi identificar a demanda por variedade e mais personalização por parte dos consumidores, disponibilizando outras cores. O desafio do profissional de marketing está em manejar e gerenciar esses processos.

A American Marketing Association (AMA) propõe a seguinte definição:

> *Marketing é a atividade, o conjunto de conhecimentos e os processos de criar, comunicar, entregar e trocar ofertas de valor para consumidores, clientes, parceiros e para a sociedade como um todo.*

O marketing permitiu à Ford identificar e satisfazer as necessidades dos seus clientes com eficiência, sem perder a competitividade. Da mesma forma, contribuiu para a reintrodução das cores no mercado da Ford. E foi também uma estratégia de marketing que trouxe à tona a história e a memória da Volkswagen para o lançamento de um novo modelo.

Basicamente, as empresas precisam se nortear por três perguntas importantes:

1. Em que negócio estamos?

Mas sobretudo por estas:

2. Que necessidades atendemos?
3. Que problema resolvemos?

Ou seja, o marketing não é necessariamente vender, mas sim tratar de estabelecer conexões profundas com o público, antecipando seus anseios. Assim, *criam-se as melhores condições* para a venda de determinado produto.

No livro *Administração de marketing*, a "bíblia" do marketing escrita por Philip Kotler e Kevin L. Keller, os autores descrevem dez tipos de produtos que podem ser geridos por profissionais de marketing. Alguns parecem óbvios; outros, nem tanto. São estes últimos os que mais me interessam aqui, tendo em vista que falarei de patrocínios.

1. **Bens:** engloba todos os produtos físicos e bens tangíveis que estamos habituados a consumir em nossas vidas diariamente.
2. **Serviços:** cabeleireiros, serviços de saúde, serviços bancários, assessoria jurídica, teleatendimento, serviços mecânicos são alguns exemplos, mas também é possível combinar a gestão de bens e serviços, como seria o caso de um restaurante ou de uma cafeteria, que operam com produtos tangíveis e atendimento ao cliente.
3. **Eventos:** engloba de grandes eventos — como um show da Beyoncé ou o Super Bowl — a uma feira livre de alimentos orgânicos de bairro. Inclui também comemorações pessoais, como aniversários e casamentos, que incluem organização prévia e gestão enquanto ocorrem.

4. **Experiências:** entre os itens arrematados no leilão do Instituto Neymar Jr. em 2023, estava a experiência de jogar uma partida de tênis com o ex-jogador de futebol Ronaldo Fenômeno. Este é um tipo de experiência única, passível de ser transformada em produto. A Disney é famosa por proporcionar experiências personalizadas aos visitantes de seus parques em Orlando.
5. **Pessoas:** muito antes da era dos influenciadores digitais, já havia pessoas cujo nome também é sinônimo de marca. O frontman do grupo Kiss, Paul Stanley, tem seu rosto com a característica maquiagem da banda impresso em uma infinidade de produtos. Um exemplo local bastante interessante é do apresentador Augusto Liberato, o Gugu, cujas atividades não focavam no público infantil, porém, na década de 1990, teve uma vasta linha de produtos com seu nome direcionados a essa faixa etária, incluindo brinquedos, HQs, músicas, os quais faziam bastante sucesso. Nesse caso, a pessoa se transforma em uma marca tão poderosa que é capaz de valorizar ainda mais os produtos tangíveis aos quais se associa. Personal branding e media training são importantes aqui (falarei sobre isso mais adiante).
6. **Lugares:** o turismo foi responsável por 7% do PIB brasileiro em 2022, gerando quase 8 milhões de empregos. O arquipélago de Fernando de Noronha, pertencente ao estado de Pernambuco, se tornou um local de turismo tão atraente que, atualmente, quase não existem moradores nativos da ilha. Isso chegou a ser tema do documentário *Ninguém nasce no paraíso*. Outra cidade com uma marca forte é Las Vegas, uma espécie de Disney World para adultos — o que acontece em Vegas, permanece em Vegas.
7. **Propriedades:** a propriedade em si pode incluir bens tangíveis (como um automóvel) e intangíveis (como ações de uma empresa). No Capítulo 4, tratarei esse tema com maior profundidade ao falar sobre ativos e propriedades patrocináveis.

8. **Organizações:** são instituições sem fins lucrativos que dependem da gestão do marketing para captar recursos e solidificar sua imagem perante o público, a fim de atrair pessoas e recursos.
9. **Informações:** existem consultorias especializadas em levantar dados, sistematizá-los e transformar essas informações em relatórios que ajudem as grandes empresas nas tomadas de decisão. É um tipo de serviço cujo valor está diretamente ligado à qualidade das informações coletadas.
10. **Ideias:** você pode estar pensando no marketing político e não estará errado, já que ele busca estreitar a relação do eleitor com determinado candidato por meio das ideias que ele manifesta. Outro exemplo é a campanha Beijos Icônicos, lançada pelo Mercado Livre em junho de 2021 para celebrar o "Mês do Orgulho". Nela, várias cenas de beijos famosos foram recriadas, desta vez com casais LGBTQIA+. O sucesso da gestão da campanha como ideia foi tão grande que ela se tornou uma exposição no Museu da Diversidade Sexual, em São Paulo.

Marketing é quando você convida alguém para um encontro. Branding é a razão pela qual a pessoa aceita ou não o convite.

O TAL DO BRANDING

A AMA define *marca* como:

"Um bem intangível que leve à criação de imagens e associações distintas na mente do público, com a finalidade de torna-lo rentável e gerar valor. A marca pode ser um nome, uma expressão, um símbolo ou qualquer outro recurso que identifique e diferencie seus produtos ou serviços daqueles fornecidos pelos concorrentes."

Branding é o processo de atrelar uma marca a um bem ou serviço, mas também a qualquer item gerenciável, como os mencionados na lista anterior, sob escopo do marketing. Refere-se ao processo de criação, desenvolvimento estratégico e gestão de elementos que compõem uma identidade única para qualquer ativo na mente dos consumidores. Dessa forma, estabelece-se uma associação sólida e positiva entre marca e público-alvo.

As estratégias incluem o design, elementos visuais, como o logotipo, a paleta de cores, a tipografia e outros elementos que compõem a configuração tangível da marca. Contudo, uma aparência bonita precisa de personalidade: um posicionamento claro e consistente que comunique os valores, a missão e tudo o que torna essa marca única. A combinação da identidade visual e do posicionamento é o guia para a mensagem que será transmitida por meio das diferentes mídias.

Ao longo do tempo, um *branding* bem-sucedido pode levar ao que se costuma chamar de "valor agregado". Basicamente, esse é o valor que a marca, sozinha, é capaz de atribuir a qualquer produto, ainda que ele, por si só, não se diferencie tanto dos fornecidos pelos concorrentes.

Na década de 1970, Seattle era uma cidade em crescimento, que passava por uma série de mudanças sociais e econômicas. Sede da Boeing, havia tido sua base industrial fortalecida pelas demandas geradas durante a Segunda Guerra Mundial. Com o arrefecimento da indústria no pós-guerra, a cidade enfrentou uma série de demissões, afetando a economia e, em certa medida, a identidade local, atrelada à indústria aérea.

O ambiente, a princípio, não parecia muito favorável a empreender. No entanto, a cidade que em breve se tornaria o berço do *grunge* seria também parte da cultura pop por outras razões, bem diferentes da música.

Em 1971, Jerry Baldwin, Zev Siegl e Gordon Bowker abriram uma pequena loja no Pike Place Market, em Seattle. Apaixonados pela história do café, o nome da loja fazia referência ao clássico romance *Moby Dick*, e a sereia da logo homenageava a tradição marítima de transporte do café ao redor do mundo. Tudo isso estava relacionado ao intuito de comercializar cafés em grão recém-torrados, provenientes de todo o globo.

Quem já provou um café quentinho, com torra fresca e moído na hora, sabe como a experiência é única. Mas os clientes da Starbucks não podiam vivenciá-la, já que a loja não vendia o café em forma de bebida.

Dez anos após a abertura da loja, Howard Schultz parou para visitá-la e foi encantado pelo canto da sereia. No ano seguinte, virou sócio e se juntou à empresa. Inspirado pela cultura italiana do café, Schultz convenceu os fundadores a experimentarem a ideia de vender cafés preparados, de modo que as pessoas pudessem se reunir na cafeteria e desfrutá-los.

O Starbucks, então, criou um ambiente acolhedor e confortável, totalmente dissociado do trabalho e de casa, onde as pessoas poderiam se reunir, relaxar e socializar. Atrelado a isso, manteve o foco na qualidade do café fornecido e no preparo, valorizando o treinamento dos baristas para servir bebidas excepcionais.

Existe uma diferença entre tomar um bom café e tomar um bom café servido em um copo com seu nome escrito ao lado da logo da sereia. Este último carrega uma história que combina uma excelente experiência do cliente, alta qualidade dos produtos e capacidade de inovação. Isso o diferenciou dos outros cafés e o transformou em uma das marcas mais reconhecidas e bem-sucedidas do mundo.

Esse é o poder do *branding*.

O conceito começou a tomar forma no início do século XX, mas sua evolução e reconhecimento como uma disciplina importante na publicidade e nos estudos de comunicação ocorreram ao longo do tempo. A partir de então, as marcas começaram a se tornar mais do que apenas um nome ou logotipo em produtos. Empresas como Coca-Cola e Ford passaram a perceber a importância de criar uma imagem de marca consistente e a desenvolver estratégias para se destacarem no mercado.

Nos anos de 1950, as agências de publicidade começaram a enfatizar a criação de identidades de marca sólidas e a utilização de estratégias de marketing para posicionar produtos de forma única no mercado.

Mas foi na década de 1980 que o termo *branding* começou a ser adotado. Estava consolidado que as marcas eram ativos valiosos que podiam ser gerenciados estrategicamente para criar vantagem competitiva.

Nas últimas décadas, o *branding* evoluiu exponencialmente, conforme as mídias iam se ampliando junto com novas tecnologias. As organizações passaram a se preocupar não apenas com a identidade e o valor da marca, mas também com os riscos reputacionais.

Em última análise, o *branding* diz respeito à gestão de uma marca a ponto de torná-la tão poderosa e capaz de *contar uma história* pela qual o consumidor se sente impelido. Construir uma percepção positiva envolve entender e atender às expectativas do cliente, assim como cumprir promessas. Quando bem-sucedido, o *branding* diferencia as marcas da concorrência do mercado, constrói a confiança do consumidor e cria uma base de clientes leais.

O valor da marca se reflete no valor dos produtos, mas está longe de se igualar ao valor da empresa. Pelo segundo ano consecutivo, o Kantar BrandZ Most Valuable Global Brands Report 2023 aponta a Apple como a marca de empresa mais valiosa do mundo, com *valor de marca* estimado em US$880 bilhões. A pesquisa da Kantar, consultoria especializada em levantamento de dados, incluiu 4,2 milhões de entrevistados no primeiro semestre de 2023, visando projetar a imagem global das marcas. No mesmo período, o *valor de mercado da empresa* Apple chegou a U$3 trilhões.

No caso da Apple, estamos falando de uma gigante com operações ramificadas ao redor do mundo e que produz bens tangíveis. Mas e quando o valor de uma marca é tão grande a ponto de ser imensurável? É o caso dos Jogos Olímpicos.

"As marcas mais duradouras são as que ficam no coração das pessoas"
Howard Schultz

O VALOR DOS ANÉIS

O que diferencia os Jogos Olímpicos de quaisquer outros campeonatos esportivos realizados na Terra são seus atributos multiculturais, pacíficos, a valorização da honra, da integridade, do respeito e da determinação, solidificados ao longo de mais de três mil anos de história.

Na década de 1980, o Comitê Olímpico Internacional (COI) enfrentava várias crises e desafios que afetavam sua imagem, levantando questionamentos sobre sua credibilidade perante o mundo. Se para uma empresa uma crise como essas é grave, para uma entidade cujos alicerces são os seus próprios valores, parecia o fim.

Nos Jogos Olímpicos de Verão de Moscou 1980, os Estados Unidos lideraram um boicote ao evento, para protestar contra a invasão soviética no Afeganistão. Em 1984, foi a vez de os países do bloco soviético responderem ao ciclo anterior, boicotando os Jogos Olímpicos de Los Angeles, prejudicando a coesão e o caráter pacífico cosmopolita do encontro.

Em paralelo, o COI precisava lidar com o aumento nos casos de doping e os escândalos administrativos envolvendo corrupção, alegações de suborno e má conduta em relação à atribuição de cidades-sede.

Os Jogos Olímpicos têm pilares:

1. no esporte
2. na cultura
3. no meio ambiente

Os pilares são permeados pelos seis valores olímpicos:

1. Espírito esportivo
2. Educação
3. Superação
4. Solidariedade
5. Paz
6. Felicidade

Quando os alicerces do espírito olímpico são questionados, todo o legado é posto em risco. Mas, nesse contexto, o COI não esmoreceu. Em 1983, o especialista em marketing Michael Payne assumiu o que se tornaria a Diretoria de Marketing do Comitê Olímpico Internacional.

Com uma visão holística da marca olímpica, Payne começou limpando a casa, disposto a retomar a imagem da instituição. O *rebranding* foi possível graças ao legado dos Jogos Olímpicos e ao impacto duradouro que ele havia deixado na humanidade até então. Mais do que isso, ele reformulou a estrutura de financiamento do COI, de modo que a fonte de financiamento das Olimpíadas não tivesse viés político.

Esse é poder do legado.

Hoje, o próprio COI é responsável por financiar a organização dos Jogos. Os direitos de transmissão para as emissoras são parte importante da receita da instituição, assim como a venda de ingressos para eventos olímpicos e a comercialização de produtos licenciados. Mas a principal fonte de receita é o programa de patrocínio, The Olympic Partners (TOP). Esse patrocínio é dividido em quatro categorias:

- Worldwide Partners
- Premium Partners
- Official Partners
- Official Supporters

Os Jogos Olímpicos de Paris 2024 já contam com mais de sessenta marcas patrocinadoras.

O COI concede o direito de uso dos anéis olímpicos a organizações que associem suas marcas ao evento. Essas licenças são rigorosamente controladas e regulamentadas, para garantir que o uso dos anéis seja apropriado e esteja alinhado aos valores olímpicos.

Quando criou os anéis, em 1914, o Barão Pierre de Coubertin, fundador do Movimento Olímpico moderno, tinha em vista uma simbologia agregadora que reforçasse todos os ideais associados ao legado olímpico:

- **Cores:** os anéis olímpicos são interligados, cada um com uma cor diferente: azul, amarelo, preto, verde e vermelho. Na época em que foram criados, incluíam juntos, todas as cores das bandeiras das nações do mundo.

- **Integração:** Os anéis interligados representam a unidade e a integração dos cinco continentes do mundo por meio do esporte. Eles simbolizam a ideia de que o esporte pode unir pessoas de diferentes origens culturais, étnicas e geográficas, em um espírito de competição justa e amigável.
- **Continuidade:** Os anéis representam a continuidade e permanência dos Jogos Olímpicos ao longo do tempo. Simbolizam a tradição que perdura desde a Grécia Antiga até os dias de hoje.

Hoje, os anéis olímpicos são um dos símbolos mais icônicos e reconhecidos do mundo. Para uma marca, estar associada a eles significa atrelar-se a valores unânimes entre todos os povos. É uma história que todos querem contar e que só o patrocínio é capaz de permitir.

"Mais alto, mais rápido, mais forte".
Lema olímpico

PATROCÍNIO NÃO É MÍDIA

Antes de falar sobre o que de fato é patrocínio, o mais importante, a meu ver, é justamente definir o que ele *não é*.

A mídia, em resumo, é o *meio* usado para transmitir mensagens, informações ou entretenimento para uma audiência ampla. Desempenha um papel fundamental na sociedade ao disseminar conhecimento e cultura, facilitar a comunicação entre pessoas, Estados e organizações, e influenciar a opinião pública.

Um levantamento feito de janeiro a junho de 2023 pelo Cenp — Fórum da Autorregulação do Mercado Publicitário — aponta que investimentos em mídia realizados por 319 agências de publicidade, no Brasil, foram distribuídos da seguinte maneira:

MEIO	VALOR FATURADO (R$)	VALOR EM US$	SHARE (%)
CINEMA	18.119	3.592	0,2%
INTERNET	3.370.290	664.209	36,9%
ÁUDIO (quando se trata de utilização de mensagens de áudio)	5.900	1.164	0,2%
BUSCA (quando se trata de veículos buscadores)	235.387	46.386	7,0%
DISPLAY e outros	2.179.678	429.398	64,7%
SOCIAL (quando se trata de redes sociais)	711.808	140.430	21,1%
VÍDEO (quando se trata de utilização de mensagens de vídeos)	237.519	46.833	7,0%
JORNAL	128.479	25.390	1,4%
MEIO	VALOR FATURADO (R$)	VALOR EM US$	SHARE (%)
OOH/MÍDIA EXTERIOR	844.840	166.571	9,2%
RÁDIO	364.150	71.952	4,0%
REVISTAS	26.154	5.190	0,3%
TELEVISÃO ABERTA	3.933.822	777.779	43,0%
TELEVISÃO POR ASSINATURA	458.596	90.615	5,0%

Investimentos em mídia no Brasil — primeiro semestre de 2023
Fonte: CENP

Tradicionalmente, jornais e revistas impressos eram fontes importantes de notícias e informação. Com o advento da mídia digital, a circulação desses meios diminuiu, mas eles ainda desempenham um papel significativo na cobertura de notícias locais e especializadas.

O rádio é um meio de áudio amplamente acessível e popular. Por essa razão, ainda tem relevância para a indústria fonográfica — apesar de ter sido solapado pelos *streamings* — e como fonte de notícias. Quem nunca ficou preso no trânsito acompanhado somente pelo rádio?

A televisão, por sua vez, já foi a melhor amiga das famílias. Molda a cultura popular, influencia atitudes e comportamentos, e é uma importante fonte de informação e entretenimento. Como os números do Cenp apontam, ela permanece sendo o principal meio de comunicação de massa, razão pela qual recebe os maiores investimentos em mídia para publicidade.

A internet vem logo atrás da TV. Ao facilitar o acesso à informação global, ela cria espaços para o debate público, exerce influência e promove a disseminação de informações, notícias e entretenimento, além da formação de comunidades. Englobando as mídias sociais, plataformas como Facebook, X (ex-Twitter), Instagram e YouTube permitem que as pessoas compartilhem conteúdo, interajam e se comuniquem em tempo real.

Cada tipo de mídia atinge um público específico, que se expõe a ela. Portanto, cada uma tem seu próprio impacto, e a evolução tecnológica continua a moldar a maneira como as consumimos e interagimos com elas.

E patrocínio não tem nada a ver com isso. Perceba que "patrocínios" não se enquadra em nenhuma das classificações de mídia apresentadas — ainda que dispute orçamento com elas. É claro, o patrocínio pode, sim, envolver a exposição da marca em determinadas mídias, mas de forma alguma se limita a isso. Esta talvez essa seja a principal mensagem deste livro!

A VOZ ÚNICA DA PUBLICIDADE

A publicidade é uma tecnologia da comunicação, que tem como objetivo promover produtos, serviços, marcas ou ideias e influenciar o comportamento ou as decisões das pessoas. Assim, ela utiliza as mídias para a criação e veiculação dessas mensagens persuasivas.

Em 2014, tornou-se frequente encontrarmos pessoas girando latas de refrigerante nas prateleiras de supermercados em busca de algo em comum. Ana. Carlos. Maria. Duda. Rafa. Gabi. Marcos. Bia. Nas latas, em vez da clássica logo da Coca-Cola, o que se lia era uma variedade de nomes e apelidos.

A marca havia lançado a campanha "Compartilhe uma Coca-Cola". Ao substituir o logotipo por nomes populares, a campanha buscava se aproximar ainda mais das pessoas, criando uma conexão emocional entre os consumidores e a marca. Mais do que desejar ter a lata com o próprio nome, a proposta era comprar uma Coca-Cola para presentear amigos e familiares com aquelas que carregassem os nomes deles também.

O resultado foi muito bem-sucedido. As pessoas procuravam avidamente pelas latas com os nomes que lhes interessavam. Nas redes sociais, compartilhavam fotos das suas latas, publicizando ainda mais a marca ao se sentirem prestigiados por ela e criando um boca a boca positivo e divertido.

Isso vai ao encontro das tendências em vigor. Uma tendência é um direcionamento ou encadeamento de eventos duradouros, que se relacionam com questões em voga na sociedade. O exemplo da ação da Coca-Cola converge com a tendência à criação de comunidades e à personalização, bastante atrelada ao movimento crescente das redes sociais quando a campanha foi lançada.

A propaganda e a publicidade desempenham papéis fundamentais no estágio de formar a disposição do comprador, tornando-o consciente da marca e da capacidade que ela tem de suprir uma necessidade. Ver uma multidão compartilhando latas com seus nomes criava o desejo de também ter a própria. Por sua vez, isso criava a necessidade de consumir o produto para se sentir, ao mesmo tempo, parte de um movimento, e também único.

A HISTÓRIA CONTADA PELO PATROCÍNIO

Se patrocínio não é mídia nem publicidade, o que ele é, afinal?

O termo "patrocínio" tem origem no latim *patrocinium*, que se refere ao ato de ser patrono, defensor ou protetor. O patrono, na Roma Antiga, era uma figura importante que oferecia apoio e proteção, muitas vezes, em troca de lealdade e serviços.

Ao longo da história, o conceito evoluiu para abranger diversas formas de apoio a diferentes propriedades e ativos patrocináveis. Mas a ideia de "proteção" permanece. Afinal, o patrocinado continua sendo uma espécie de embaixador da marca, protegendo sua reputação e tornando-a ainda mais valiosa.

Em 1934, o estádio Joaquim Américo Guimarães recebeu o nome que homenageava o fundador do clube que ele se destinava a abrigar. De estrutura simples, foi preterido pelo clube durante seis décadas, até passar por uma boa reforma em 1994. A obra foi entregue em 1997, quando o Atlético Paranaense (na época, ainda sem o "H" da grafia atual) de fato a adotou como casa. Porém, ela só seria de fato finalizada quase vinte anos depois, para que a popular "Arena da Baixada" pudesse receber a Copa do Mundo de 2014.

A história do estádio do maior time de futebol do Paraná faz parte da cultura e história local, mesmo para aqueles que não são chegados a futebol. O local já sediou shows internacionais e o UFC 198, com o quarto maior público de todas as edições até hoje.

Em 16 de março de 2005, o Atlético Paranaense anunciou a venda dos *naming rights* da Arena da Baixada para a empresa japonesa Kyocera — o primeiro acordo de *naming rights* esportivo no Brasil, logo seguido por outros. O estádio passaria a se chamar Kyocera Arena por meio de um contrato de três anos, que rendeu ao rubro-negro paranaense em torno de 10 milhões de dólares. Em 2008, o contrato foi finalizado por iniciativa do próprio clube, que desejava atuar com outras formas de patrocínio.

"As pessoas não compram produtos, elas compram histórias."
Seth Godin

Quando a Copel (Companhia Paranaense de Energia) privatizou seu setor de telecom, em 2020, a decisão não foi muito bem recebida pelos paranaenses. A companhia na qual se ramificou, a Ligga, precisava estabelecer conexão com a população do estado, a fim de demonstrar sua credibilidade e construir uma boa relação com os consumidores.

Em junho de 2023, além do patrocínio ao clube, o Athletico anunciou a venda dos *naming rights* para a Ligga Telecom. A partir de então, a Arena da Baixada se tornaria “Ligga Arena”. O primeiro estádio da América Latina equipado com teto retrátil, dali em diante, passaria a ser “o mais conectado, inovador e inteligente do Brasil”, de acordo com a mensagem do clube e da patrocinadora. Esta sim é uma história que a Ligga deseja contar para os paranaenses.

Patrocínio é uma relação íntima entre marcas: a do patrocinador e a do ativo patrocinado (falarei mais sobre eles no Capítulo 4). Nessa relação, está envolvida a reputação e a credibilidade de ambas. Mais do que o aspecto financeiro, o que verdadeiramente importa nessa relação é identificar qual é o *problema que o patrocínio resolve*.

Para a Ligga Telecom, era a transformação de uma imagem, inicialmente negativa, de uma marca desconhecida, para uma marca moderna e conectada com uma das maiores *paixões* do seu estado. Assim, ambas as marcas passam a construir e a contar uma história em comum.

Agora, convido você a refletir: seria possível alcançar tal objetivo apenas por meio de veículos de mídia convencional, mesmo com uma campanha muito bem executada?

PARA CURTIR E SABER MAIS

Jerry Maguire: A grande virada (1996)

Um empresário de atletas falastrão, Jerry Maguire, se vê abandonado por todos os seus clientes — exceto o jogador de futebol americano Rod Tidwell — enquanto sua a vida pessoal também começa a se deteriorar. O filme mostra como ter um bom relacionamento com clientes pode construir parcerias bem-sucedidas e interferir em carreiras e reputações.

CAPÍTULO 2

Jogando com o Coração

"Jogamos com a cabeça e, quando precisamos, com o coração". Essa frase foi dita por Hortência Marcari, conhecida como 'a rainha do basquete', que tantas emoções proporcionou à torcida brasileira. É claro que ela se refere à garra, característica marcante de sua trajetória nas quadras. A verdade, porém, é que o esporte é uma máquina de gerar emoções, seja pelo simples ato de ganhar ou perder, seja pelo significado que pode adquirir, muito além das quatro linhas.

Em 1995, a África do Sul sediava a Copa do Mundo de Rúgbi, esporte ainda em crescimento no Brasil, mas muito querido e relevante naquele país. No entanto, a seleção sul-africana de rúgbi, conhecida como os Springboks, era historicamente associada à comunidade branca do país.

Tendo a África do Sul recém-saído de um regime opressivo de segregação racial, um misto de sentimentos contraditórios envolvia a população negra, que estava na corda bamba entre torcer pelos Springboks, como parte de sua paixão e identidade nacional, ou ignorar um evento tão importante acontecendo em sua própria casa.

O presidente Nelson Mandela, que havia assumido do governo após o fim do regime de *apartheid*, tomou uma decisão controversa e manifestou publicamente seu apoio total aos Springboks durante a Copa do Mundo de Rúgbi. Mandela acreditava que o esporte poderia desempenhar um papel fundamental na reconciliação e na reconstrução de um país que havia sido profundamente ferido e estava dividido pela segregação racial. A Copa do Mundo de Rúgbi de 1995 seria uma oportunidade para isso.

Durante a Copa, os Springboks, liderados pelo capitão François Pienaar, surpreendiam o mundo com sucessivas vitórias. À medida que a equipe avançava na competição, a África do Sul se unia em um só povo para apoiá-la. As arquibancadas estavam repletas de uma multidão de sul-africanos de todas as raças e origens, vestindo orgulhosamente as cores nacionais.

Na final da Copa do Mundo, os Springboks enfrentaram os All Blacks, a célebre seleção de rúgbi da Nova Zelândia e favorita ao título. Diante dos olhos de toda uma nação que se reconstruía, quem venceu foi a África do Sul — em múltiplos sentidos —, e os Springboks levaram a Copa.

Quando o capitão François Pienaar recebeu a taça das mãos de Nelson Mandela, o público presente no Ellis Park Stadium de Joanesburgo ficou momentaneamente em silêncio, dada a emoção daquele evento tão único. Então, explodiu em aplausos e celebração. Um país apaixonado por rúgbi, mas dividido pela segregação, pela primeira vez parecia se unir por um mesmo objetivo, em uma só voz.

Esse é poder do esporte.

O MARKETING DE ENTRETENIMENTO

Entretenimento se refere a atividades, eventos ou formas de mídia cujo objetivo principal é proporcionar diversão, prazer e distração. Abrange uma ampla variedade de mídias, incluindo filmes, música, teatro, televisão, games, mas também engloba esportes, espaços de lazer, eventos ao vivo, livros, eventos artísticos e outras formas. A principal função do entretenimento é cativar e envolver o público, oferecendo experiências que podem variar de emocionantes a relaxantes.

Com base nessa definição, fica claro que a área do entretenimento oferece múltiplas oportunidades de negócio. Mas nem sempre foi assim. A palavra "negócio", por definição, é a "negação do ócio", ou seja, contrapõe-se ao tempo livre e despretensioso — justamente aquele ocupado pelas atividades de entretenimento.

Aqui entra o marketing. O marketing de entretenimento se concentra na promoção e comercialização de produtos, serviços e experiências relacionados ao entretenimento. O objetivo é conectar os consumidores a atividades de lazer, mídias ou outras opções que se considerem atraentes.

Nesse sentido, uma parte significativa do marketing de entretenimento envolve a promoção de eventos como shows, espetáculos teatrais, festivais, eventos esportivos, dentre outros. Também está relacionado à promoção e distribuição de filmes, músicas e programas de TV, por meio de estratégias de lançamento, publicidade e parcerias com plataformas de distribuição.

Muitas marcas utilizam o entretenimento para criar experiências memoráveis para os consumidores, por meio de ativações de marca. Quem frequenta grandes festivais de música certamente já se acostumou com os grandes stands de marcas oferecendo mimos e experiências divertidas entre um show e outro. Isso envolve a formação de parcerias estratégicas entre marcas, artistas e eventos, com contratos de patrocínio, de modo que a marca fique associada à experiência positiva obtida pelo cliente.

Se o marketing esportivo é composto de 4Ps + 1, a indústria do entretenimento é formada por 4 Cs, que definem seu produto e mercado. No artigo "Conceitos Básicos de Marketing de Entretenimento", Luiz Carlos Murakami fala mais sobre eles. Em suma, é possível definir os 4 Cs da seguinte forma:

1. Conteúdo (Content)

O conteúdo é o produto nuclear da indústria do entretenimento. Refere-se ao material criativo, artístico ou informativo produzido e apresentado ao público para fins de entretenimento. Pode incluir filmes, programas de

TV, música, jogos de vídeo, livros, podcasts, peças de teatro, eventos esportivos, dentre outros. O conteúdo é a principal atração ofertada ao público.

Um exemplo de conteúdo é a saga de filmes *O senhor dos anéis*, baseada nos livros de J. R. R. Tolkien, que oferecem uma narrativa épica e visualmente impressionante. Peças de teatro, espetáculos de balé — ou o meu podcast, o *Patrocinei*, homônimo deste livro — são todos exemplos de conteúdo.

2. Condutor (Connection)

O condutor se refere aos meios ou canais pelos quais o conteúdo é entregue ao público. Isso engloba plataformas de distribuição, redes de televisão, serviços de *streaming*, cinemas, rádio, teatros, sites, aplicativos móveis e qualquer outro meio que leve o conteúdo aos consumidores.

A Netflix é um exemplo de condutor que oferece uma plataforma de *streaming* para transmitir uma ampla variedade de conteúdos, incluindo filmes, séries de TV e documentários. A Rede Globo, HBO Max, Disney+, SBT também são exemplos.

3. Consumo (Consumption)

O consumo representa a maneira como o público interage e consome o conteúdo de entretenimento. Isso inclui como as pessoas assistem a filmes, ouvem música, jogam videogames, leem livros, participam de eventos ao vivo ou interagem com outros tipos de entretenimento. O consumo pode ser individual ou compartilhado em grupo.

O consumo de música, por exemplo, pode variar entre ouvi-la no Spotify em um smartphone a assistir a um show ao vivo com milhares de pessoas na plateia. A leitura de um livro, por sua vez, costuma ser uma experiência individual, mas também pode ser consumido coletivamente, em rodas de leitura ou clubes do livro.

4. Convergência (Convergence)

A convergência é o fenômeno no qual as fronteiras entre os 4 Cs se tornam mais difusas. Ela representa a intersecção e a integração de conteúdo, condutor e consumo por meio de diferentes mídias. A convergência permite que as pessoas acessem e interajam com o entretenimento de maneiras diversas e flexíveis.

Se antigamente uma música era lançada pensando no desempenho que ela teria nas rádios, hoje é avaliado o seu potencial multiplataforma: se a música ficará bem posicionada no Spotify; se irá repercutir nas redes sociais, especialmente no TikTok, e performar bem nos shows ao vivo; se será interessante para campanhas publicitárias e parcerias musicais. Já para um filme, a convergência se expressa na capacidade de ser assistido em cinemas, mas também em canais de televisão, serviços de *streaming*, e por meio de dispositivos diversos, como TV, smartphones, tablets e laptops.

Esses quatro Cs são fundamentais para entender como a indústria do entretenimento opera, como o conteúdo é produzido e distribuído, como o público consome entretenimento e como as tecnologias modernas estão mudando a forma como interagimos com os produtos destinados a entreter.

O marketing de entretenimento, com a ajuda dessa estrutura, facilita a conexão do público com uma ampla gama de experiências culturais, artísticas e de lazer. À medida que o entretenimento continua evoluindo e incorporando novas tecnologias, o marketing também se adapta para atender às necessidades e expectativas do público, em constante mudança.

OS 4+1 PS DO MARKETING ESPORTIVO

O famoso conceito de "mix de marketing" é um conjunto de fatores que podem ser administrados para influenciar o comportamento do consumidor e promover produtos ou serviços no mercado.

No livro *Basic Marketing: A Managerial Approach*, publicado pela primeira vez em 1960, o autor Edmund Jerome McCarthy aborda o que posteriormente ficaria consolidado como os 4 Ps do marketing, ou seja, um conjunto de fatores essenciais para formar esse mix. São eles: produto (*product*); preço (*price*); promoção (*promotion*); e praça (*place*).

1. Produto (Product)

Este P se refere ao próprio produto ou serviço que uma empresa oferece aos seus clientes. Inclui a qualidade, design, características, embalagem e qualquer outro elemento relacionado ao produto, que possa influenciar a decisão de compra do consumidor.

2. Preço (Price)

O preço é o valor monetário associado ao produto ou serviço. Determinar o preço certo é fundamental para o sucesso de uma estratégia de marketing, pois afeta a demanda, a lucratividade e a percepção de valor do cliente. Isso vale tanto para produtos acessíveis como de alto luxo.

Um bom exemplo são as *fast fashion* chinesas de produção em larga escala, que se popularizaram graças às roupas com cores e design diferentes das comuns (produto) e de preço baixo. Do outro lado da moeda, grifes de alta-costura se concentram em disponibilizar poucas unidades de determinados produtos, por um preço alto, de modo que a exclusividade seja também parte da sua marca.

3. Promoção (Promotion)

A promoção se refere às atividades de marketing que envolvem a divulgação e a comunicação do produto ou serviço ao público-alvo. Isso inclui publicidade, relações públicas, promoções de vendas, marketing de conteúdo e outras táticas para criar conscientização e interesse.

4. Praça (Place)

Também chamado de "distribuição", este P lida com a maneira como o produto ou serviço é disponibilizado aos clientes. Isso inclui canais de distribuição, logística, armazenamento e a localização geográfica dos pontos de venda.

Lembre-se de quando você está na fila do supermercado, aguardando para pagar suas compras. As prateleiras entre os caixas contêm itens como chocolates, doces e bebidas geladas, atraentes para qualquer pessoa entediada, cansada ou com fome, que queira ser recompensada pela tarefa árdua de fazer compras — ou para as crianças que estejam sendo obrigadas a esperar junto com os adultos. Essas prateleiras também podem conter produtos que o cliente possa eventualmente precisar, mas não tenha se recordado de pegar durante as compras, como pilhas e preservativos.

Esses quatro elementos ajudam as empresas a entenderem melhor seus produtos ou serviços, seus clientes, seus concorrentes e o mercado como um todo. Isso lhes permite desenvolver estratégias mais eficazes para atingir seus objetivos de marketing. Isso vale tanto para o entretenimento quanto para os esportes, além de outros produtos e serviços mais gerais.

O diferencial do marketing esportivo, como exemplifica a atitude de Mandela na final da Copa do Mundo de Rúgbi na África do Sul, é que ele conta um P a mais: *paixão*.

> *O marketing é o processo de anunciar ou promover um produto para o consumidor. O marketing esportivo faz isso por meio da paixão pelo esporte.*

Costumo dizer que as pessoas mudam muito ao longo da vida: trocam de cidade ou país, de cônjuge, de emprego, de estilo de se vestir, de carreira, de grupos sociais; os amigos vêm e vão. No entanto, raramente encontramos alguém que tenha mudado o time de futebol para o qual torce.

A paixão mobilizada pelo esporte chega a ser parte da construção da identidade de indivíduos e povos.

Após chegar ao Brasil no final do século XIX, trazido por imigrantes europeus, o futebol se espalhou rapidamente, tornando-se um esporte popular. Essa popularidade se solidificou à medida em que o esporte se tornou mais institucionalizado, culminando na fundação da Confederação Brasileira de Futebol (CBF), em 8 de junho de 1914. Naquele mesmo ano, em 21 de julho, seria formada pela primeira vez a seleção de futebol, que se tornaria a mais vitoriosa do mundo até hoje.

O futebol está profundamente enraizado na cultura brasileira. É parte integrante da vida cotidiana, assunto de conversa de bar, de discussões acaloradas, da criação de vínculos entre pais e filhos e da convivência entre amigos. Em campos improvisados, a garotada sonha em um dia jogar profissionalmente — justamente como remonta à história de muitos nomes icônicos do esporte, como Marta, Neymar, Ary Borges e Vinicius Júnior.

No Brasil surgiram alguns dos maiores nomes da história do futebol. Além do Rei Pelé, Zico, Ronaldo, Ronaldinho Gaúcho, Romário, e muitos outros, permanecem no imaginário popular, sendo reverenciados e admirados não apenas no Brasil, mas em todo o mundo.

Com essa tradição, o Brasil ganhou a Copa do Mundo cinco vezes:

- em 1958, contra a anfitriã Suécia;
- em 1962, contra a Tchecoslováquia, no Chile;
- em 1970, contra a Itália, no México;
- em 1994, novamente contra a Itália, desta vez nos Estados Unidos; e em 2002, contra a Alemanha, no Japão.

Para a única seleção de futebol pentacampeã (até agora), a combinação de sucesso esportivo, ídolos lendários, paixão nacional e uma cultura que abraça o esporte como parte de sua identidade fazem do Brasil o "país do futebol" e contribuem para a fascinação e a importância do esporte na sociedade brasileira.

Esse legado impulsionou a realização da Copa do Mundo da FIFA no Brasil em 2014, apesar das controvérsias econômicas e políticas que a cercaram. Receber um evento dessa magnitude no país conhecido como o "país do futebol" parecia natural.

Diante disso, ninguém poderia prever o que aconteceria no Mineirão, na famigerada partida entre Brasil e Alemanha. Tampouco os patrocinadores, que comentavam os jogos por meio de suas contas nas redes sociais e não haviam sequer preparado uma estratégia de comunicação que fosse além de dizer "Mostra Tua Força, Brasil", enquanto amargávamos uma derrota dolorosa.

Exceto pela Coca-Cola. No intervalo da partida, a conta oficial da marca publicou no X (ex-Twitter) uma fotografia contendo a imagem de uma garrafa de Coca-Cola. Dentro dela, um canudinho de plástico com um nó na ponta. Na legenda, uma única frase: "Aquele nó na garganta".

Com essa estratégia, mais do que comunicar, a Coca-Cola conseguiu se conectar com a audiência de uma maneira única. Mostrando empatia ao compartilhar da dor que milhões de brasileiros sentiam, a marca também conseguiu emocionar.

Em 2016, uma nova história seria contada. A Seleção Brasileira de Futebol masculino ganharia a primeira medalha de ouro olímpica da sua história. No X, a Coca-Cola novamente publicaria a imagem da garrafa com o canudo contendo um nó, mas, logo abaixo, haveria outra garrafa, dessa vez com um canudo verde e amarelo íntegro e bem posicionado. O nó havia se desfeito. Agora, bastava se deleitar.

Se uma derrota chega ao ponto de se tornar um trauma, enquanto a história de uma vitória se transforma em redenção, estamos falando de algo que transcende o mero entretenimento. Esta é mais uma demonstração de que não se trata apenas de um esporte, mas sim de uma paixão arraigada.

Obviamente, tudo isso se reflete em números e receita. Segundo um levantamento feito pelo Statista, em 2022, a receita da indústria atingiu quase 487 bilhões de dólares. Até 2027, a projeção é que o mercado esportivo global ultrapasse os 623 bilhões de dólares, abrangendo todas as atividades esportivas e produções relacionadas a elas.

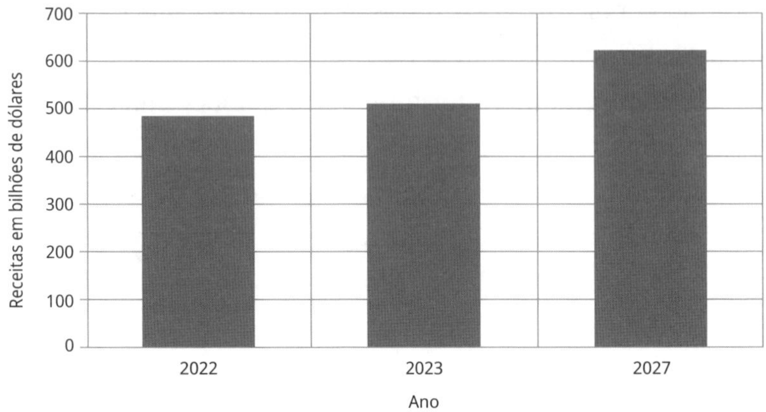

Receita total do mercado esportivo em todo o mundo de 2022 a 2027.
Fonte: Statista, 2022

Trata-se de um mercado em franca ascensão. E essa relação visceral e apaixonada com o esporte, que se traduz em receita e renda, não é novidade. Pelo contrário, ela é, no mínimo, tão antiga quanto o surgimento da sociedade ocidental.

A HISTÓRIA DO MARKETING ESPORTIVO

A história do surgimento dos Jogos Olímpicos está associada à mitologia que também envolve o surgimento das sociedades do Ocidente e remonta ao século VIII a.C. A tradição grega atribui a fundação das Olimpíadas ao mito de Hércules, que teria organizado os primeiros jogos em honra a seu pai, Zeus, o rei do Olimpo.

No entanto, os primeiros Jogos Olímpicos registrados historicamente aconteceram em 776 a.C., quando Coroebus de Elis venceu uma corrida de aproximadamente 192 metros, em um festival religioso em homenagem a Zeus.

A importância dos atletas na Grécia Antiga era tamanha que sua adoração se assemelhava aos rituais religiosos e aos símbolos associados a eles. Com a cultura de veneração dos atletas, considerados uma espécie de semideuses, surgia também uma demanda por lembranças e souvenirs. Essa demanda resultou no comércio de estátuas e outros objetos relacionados aos atletas, incluindo o suor, que era vendido como uma relíquia valiosa.

Escultores criavam representações realistas dos atletas em ação, muitas vezes capturando suas características físicas distintas. As estátuas eram exibidas em ginásios e outros locais públicos, e podiam ser adquiridas por quem desejasse.

A coleta e a venda das toalhas usadas durante as competições era outra prática comum. Muitos acreditavam que o suor dos atletas tinha propriedades especiais, talvez relacionadas à excelência física. Esses verdadeiros sudários chegavam a ser vendidos como lembranças, mas também como amuletos que trariam sorte ou alto desempenho a quem os possuísse.

Outro produto era o pó recolhido dos ginásios, que era misturado com óleos para criar uma substância perfumada. No entanto, acredito que nenhum produto seja tão curioso quanto o suor dos atletas, cujas gotículas eram cuidadosamente recolhidas e engarrafadas para serem comercializadas.

A venda desses itens não era apenas um negócio lucrativo; também fazia parte da cultura de reverência aos atletas, e possuí-los era visto como uma forma de honrar e de se conectar com os heróis esportivos.

Dando um salto histórico, na década de 1900 tem início o que podemos chamar de Era do Monopólio do marketing esportivo. Nesse período, o marketing esportivo começou a se desenvolver de forma mais organizada e estratégica, com o predomínio de esportes como boxe e corrida de cavalos.

Graças a rivalidades épicas que atraíam multidões, lutadores lendários como Jack Dempsey — nos anos 1920 — e Joe Louis — nas décadas de 1930 e 40 — capturavam a atenção do público em seus embates. Além das habilidades no ringue, esses atletas também se destacavam pela capacidade de autopromover-se, o que os tornava personalidades extremamente cativantes.

As corridas de cavalos também floresceram ainda no final do século XIX, especialmente com eventos de prestígio como o Kentucky Derby, que teve sua primeira edição em 1875. As grandes somas de dinheiro envolvidas nas apostas passaram a atrair muita atenção, contribuindo para a popularidade das corridas. Os jóqueis mais habilidosos eram promovidos a celebridades, e suas histórias eram frequentemente compartilhadas na mídia para criar empatia e conexão com o público.

Estar associado a eventos tão expressivos passou a se tornar interessante. Afinal, havia a oportunidade de *transferência de popularidade* desses esportes para quem se associasse a eles. Por isso, empresários e magnatas passaram a patrocinar corridas de cavalos como parte de suas estratégias de marketing, que incluíam a exibição de suas marcas em eventos e a promoção de suas empresas através do esporte.

As estratégias de marketing esportivo da Era do Monopólio ajudaram a consolidar a importância do esporte como a fusão entre paixão, entretenimento e negócio. As rivalidades intensas, as personalidades cativantes e a utilização de mídias como o rádio transformaram o boxe e as corridas de cavalos em eventos de grande destaque na cultura popular.

Essa fusão entre alto desempenho e atenção pública chamava a atenção das marcas. Daí surgiriam parcerias muito bem-sucedidas entre empresas e atletas, que passaram a ser a cara de campanhas publicitárias. Essa época preparou o terreno para o desenvolvimento contínuo do marketing esportivo, que se tornaria ainda mais sofisticado ao longo das décadas.

Em 1928, foi firmado o contrato de patrocínio mais longevo da história: a Coca-Cola foi a primeira patrocinadora oficial dos Jogos Olímpicos, parceria que se mantém ativa até os dias de hoje.

A partir da década de 1950, houve o início da popularização dos televisores nos lares das pessoas. A explosão de audiência que a Era da Televisão proporcionou aos eventos esportivos alterou fundamentalmente a forma como eles passaram a ser promovidos, consumidos e comercializados. Essa tecnologia permitiu que eles alcançassem audiências globais de uma forma nunca antes vista. Os Jogos Olímpicos, a Copa do Mundo de Futebol e outros grandes eventos se tornaram acessíveis a públicos de todos os lugares do mundo, proporcionando oportunidades de marketing em escala mundial. A Era da Televisão também resultou no desenvolvimento de tecnologias que aprimoraram a experiência esportiva na tela, o que enriqueceu a narrativa e a análise esportiva.

A transmissão televisiva trouxe consigo oportunidades de comercialização de patrocínio sem precedentes. As empresas viram o valor de associar suas marcas a eventos esportivos populares, criando acordos de patrocínio e publicidade que proporcionavam grande visibilidade.

O mundo passou a se conectar com o que a Grécia já vivenciara havia pelo menos três mil anos: a deificação generalizada dos atletas. Ícones esportivos como Muhammad Ali, Pelé, Michael Jordan, entre outros, alcançaram status de estrelas globais, o que abriu oportunidades para acordos de patrocínio e marketing publicitário.

Como havia faixas de transmissão esportivas na televisão, tornou-se possível segmentar de forma mais precisa a audiência. Isso, juntamente à massificação do acesso, permitia às marcas atingirem grupos demográficos específicos, com mensagens de marketing direcionadas.

Dada a popularidade e a rentabilidade dos esportes em meio à programação mista da televisão, em 1979, o empreendedor Bill Rasmussen e seu filho Scott Rasmussen tiveram uma iniciativa que resultaria na criação de uma nova era para o marketing esportivo.

Bill Rasmussen trabalhava como relações públicas da equipe de hóquei no gelo New England Whalers. Quando foi demitido, decidiu usar seu conhecimento esportivo, somado ao de comunicação e mídia, para criar uma rede de televisão dedicada exclusivamente aos esportes, aproveitando a crescente popularidade da televisão a cabo na época.

Assim, na pequena cidade de Bristol, Connecticut, nos Estados Unidos, Bill e Scott fundaram a Entertainment and Sports Programming Network, nossa conhecida ESPN, a primeira rede de televisão dedicada inteiramente a esportes.

Inicialmente, a programação era composta principalmente por transmissões de jogos universitários e esportes menos convencionais. No entanto, a rede cresceu em popularidade, e sua cobertura de eventos esportivos ao vivo, incluindo partidas da NFL e da NBA, a tornou parte integrante do cenário esportivo dos Estados Unidos.

A ESPN continuou a expandir sua programação, lançando diversos canais e adquirindo os direitos de transmissão de uma ampla gama de eventos esportivos, incluindo os Jogos Olímpicos, a Copa do Mundo de Futebol, dentre outros. Assim, tornou-se uma das emissoras de televisão esportivas mais reconhecidas e influentes do mundo. Quando chegou ao Brasil, em 1989, inicialmente como canal de UHF, era o único a transmitir esportes da TV paga e já era referência no ramo.

As ligas esportivas passaram a obter receitas ainda mais substanciais, com a venda de direitos de transmissão para redes de televisão de nicho. Assim, ligas como a NFL, nos Estados Unidos, e a Premier League, na Inglaterra, se tornaram mais globais. Nos EUA, a relevância, aderência e abrangência do *Sportscenter* — programa esportivo transmitido diariamente pela emissora — se assemelham às do *Jornal Nacional* no Brasil. Esse é o legado do que costumamos chamar de Era da ESPN.

Atualmente, a ESPN é parte de The Walt Disney Company e opera canais de televisão e plataformas de *streaming*, oferecendo cobertura esportiva 24 horas por dia, em todo o mundo, além de produzir conteúdo original e programas de debate sobre esportes.

> *Comprar e vender experiência significa comprar e vender marca. O que muda é a história contada a partir da relação construída entre a marca e o cliente.*

A evolução exponencial das tecnologias e mídias sociais a partir de 2010 resultou na chamada Era da Experiência. A partir de então, o foco das marcas e empresas passou a ser a criação de experiências memoráveis e envolventes para os consumidores, em vez de apenas vender produtos ou serviços.

Nessa era, mais do que fazerem parte da nossa cultura, os esportes passaram a defini-la e, consequentemente, a influenciar nosso consumo. No marketing esportivo moderno, o foco não é apenas vender ingressos ou produtos relacionados a esportes, mas também conquistar os fãs em um nível emocional. Isso pode incluir campanhas publicitárias que contam histórias envolventes, o uso de mídia social para interagir diretamente com os fãs, e a criação de conteúdo exclusivo para aumentar seu engajamento.

As marcas que patrocinam ativos esportivos, por sua vez, estão buscando criar experiências significativas para os consumidores, que se refletem por meio de seus produtos. As ativações de marca em grandes eventos são um bom exemplo de como ações interativas envolvem o público e criam vínculos mais profundos entre consumidor e marca.

Na Era da Experiência, a criação de narrativas também é fundamental. A Nike é uma das maiores e mais longevas especialistas nesse aspecto. Desde o lançamento do primeiro Air Jordan, em 1985, a partir da parceria com o jogador Michael Jordan, o calçado se tornou objeto de desejo e parte do estilo de vida de milhões de pessoas ao redor do mundo, mesmo que apenas uma minoria delas seja realmente praticante de basquete. Utilizando outro esporte como exemplo, um praticante amador de tênis, mesmo que incapaz de fazer um *backhand*, pode sentir-se impelido a comprar um short Nike Court de Rafael Nadal, motivado pela sensação de que terá melhor desempenho ao usar uma peça de roupa associada à marca do ídolo.

A Era da Experiência está transformando a maneira como o esporte e o marketing esportivo são tratados, com um foco crescente na criação de experiências significativas, interativas e envolventes para os fãs e consumidores. Isso não apenas aumenta a lealdade do público, mas também contribui para a disseminação e rentabilidade das modalidades, ligas e marcas esportivas.

EXERCÍCIO

Imagine que você é o responsável por vender cotas de patrocínio para um evento de corrida de rua na sua cidade.

— Que marcas e empresas se interessariam em patrocinar o evento e por quê?

— Que argumentos você usaria para vender esse patrocínio, de acordo com a marca abordada?

— Na sua opinião, vender um patrocínio para um evento de corrida de rua é mais fácil ou mais difícil do que seria para um evento de futebol? Por quê?

MODELO DOS SEIS PONTOS DO MARKETING ESPORTIVO

Para definir a aderência e a rentabilidade de um esporte e, consequentemente, decidir sobre o investimento nele, o marketing esportivo utiliza um *framework* conhecido como modelo dos seis pontos.

O esporte será considerado viável, atrativo para as marcas e potencialmente rentável se atender, no mínimo, a quatro dos seis pontos avaliados.

1. O esporte está na mídia ou tem transmissão?

Este tópico define qual é a audiência e o potencial de alcance do esporte, não apenas entre os participantes e espectadores presentes, mas também entre o público em geral. A presença na mídia e a transmissão televisiva ou online aumentam a visibilidade e permitem que um público mais amplo conheça o esporte, seus atletas e competições.

2. Existe competição organizada? Tem final e/ou campeão?

Muitas vezes, eventos esportivos de diferentes modalidades acontecem em uma determinada data, mas não têm continuidade garantida. Essa falta de previsibilidade no calendário faz com que o público não se habitue a consumir o esporte ou a competição, o que prejudica a aderência.

3. Existem ídolos com potencial de serem celebridades que representem esse esporte?

Como mencionei anteriormente, o Brasil é mundialmente conhecido como o país do futebol, graças à formação de atletas que se projetaram como grandes ídolos do esporte. Adiante, neste capítulo, darei também o exemplo do surfe e explicarei como o fortalecimento de nomes como o de Gabriel Medina, Ítalo Ferreira, Filipe Toledo e Adriano de Souza são relevantes para capturar os olhares. Além do esporte, os atletas se convertem em marcas poderosas e atrativas que o público deseja seguir, consumir e emular.

4. Esse esporte tem força de marketing e está sendo promovido nas ruas?

Para ter força de marketing, o esporte precisa ser tema das conversas e fazer parte do cotidiano das pessoas. Ferramentas de *social listening* e empresas especializadas hoje são capazes de mapear a popularidade de um esporte, por meio da mensuração algorítmica.

O rúgbi na África do Sul teve o potencial de reunificar um país socialmente fragmentado, algo que somente o futebol seria capaz de fazer no Brasil — e fez, se tomarmos como exemplo a Copa do Mundo de 2022. Logo após a realização de um processo eleitoral conturbado e polarizado, a população brasileira voltou a se reunir para torcer pelo Brasil e por seus atletas, como uma espécie de emoção catártica. Sabemos que o desfecho, de novo, não foi dos mais felizes. Se você estiver lendo este livro em 2026, quem sabe tenhamos novas e boas notícias sobre o hexacampeonato...

5. Qual é o número de praticantes desse esporte?

Você sabe qual é o esporte com o maior número de praticantes no Brasil atualmente? Se respondeu futebol, você... errou! Hoje, o esporte mais praticado no Brasil é a corrida de rua. (Talvez agora você tenha uma nova perspectiva para realizar o exercício proposto anteriormente, neste capítulo).

Apesar de competições de atletismo não terem muita audiência, corridas tradicionais, como a de São Silvestre, sempre fizeram parte do calendário dos brasileiros. Hoje, graças à facilidade de praticá-la e ao fato de que não requer recursos além de um par de tênis, a corrida de rua se disseminou entre aqueles que buscam manter a saúde através dos esportes.

Devido a essa popularidade, ela tem entrado no radar de grandes marcas, mesmo que ainda com pouca abrangência midiática — lembre-se de que patrocínio é diferente de mídia!

6. Esse esporte existe digitalmente?

Atualmente, todos os esportes precisam ter presença digital, com redes sociais geridas por bons profissionais de *social media*, sites e conteúdo que lhes permitam estar *always on*, independentemente da transmissão pelos canais de televisão ou *streaming*. Mesmo que o calendário esportivo não cubra os 365 dias do ano, os meios digitais são essenciais para criar *frequência* e manter a audiência engajada, garantindo a visibilidade contínua do esporte. Para os esportes menos populares, isso se torna ainda mais primordial.

TEMPESTADE EM ALTO-MAR

A World Surf League (WSL, ou Liga Mundial de Surfe) é a principal organização de surfe profissional do mundo, responsável pela organização do Circuito Mundial de Surfe, onde os melhores surfistas competem em eventos globais de alto nível.

Nas décadas de 1960 e 1970, o surfe estava se tornando cada vez mais popular, e os surfistas começaram a competir em eventos profissionais. No entanto, a falta de estrutura organizacional levou a desafios na padronização e na promoção do esporte.

Com o intuito de sistematizar e disseminar sua prática e profissionalização, em 1976 foi fundada a International Professional Surfers (IPS), primeira organização profissional desse esporte, visando promover circuitos profissionais. Devido às dificuldades financeiras, a IPS precisou ser reformulada, e em 1983 passou a se chamar Association of Surfing Professionals (ASP).

Durante as décadas de 1990 e 2000, a ASP consolidou o Circuito Mundial de Surfe, realizando eventos em locais icônicos por todo o mundo, como Pipeline, no Havaí, e Jeffreys Bay, na África do Sul.

Com o intuito de expandir e promover o surfe em escala global, em 2014 a ASP deixou de ser uma associação, tornou-se uma liga privada e foi renomeada como World Surf League. A WSL adotou uma abordagem mais profissional em termos de produção de eventos, transmissão e marketing. Assim, expandiu ainda mais seu alcance, assinando acordos de transmissão com redes de televisão e plataformas de *streaming*, e investindo em tecnologias para melhorar a experiência dos telespectadores e entusiastas do surfe.

A liga desempenha um papel fundamental na promoção do surfe como esporte profissional e entretenimento, com uma base global de fãs. Além disso, é uma influência positiva na conscientização em relação à sustentabilidade e à igualdade.

Nesse sentido, a WSL aumentou significativamente os prêmios em dinheiro para os atletas, tornando o surfe uma carreira viável. Graças a seu compromisso com a igualdade de gênero, o valor da premiação da WSL é o mesmo para homens e mulheres.

A entrada dos surfistas brasileiros no Circuito Mundial de Surfe da WSL os expôs a um nível mais alto de competição e lhes deu a oportunidade de enfrentar os melhores surfistas do mundo, regularmente.

Cada esporte tem uma história e um público.
Para cada esporte, existe uma estratégia de marketing.

O Brasil possui uma extensa costa com condições variadas para o surfe, o que favorece o desenvolvimento de talentos no esporte. A grande questão é que as ondas mais relevantes para as competições estão em regiões como Havaí, Taiti e Indonésia, bastante inacessíveis para a maioria dos atletas antes de acederem à liga profissional.

Porém, os surfistas brasileiros são conhecidos por sua dedicação e determinação em busca do sucesso. Eles treinam duro e enfrentam desafios para competir internacionalmente, muitas vezes deixando suas casas e famílias para perseguir seus sonhos no surfe. Antes de 2010, havia ainda um desafio adicional: a marginalização.

Assim como o samba, que era considerado pejorativamente símbolo de malandragem antes de se tornar um símbolo nacional, no Brasil, o surfe também costumava ser visto muito mais como uma espécie de vadiagem do que como um esporte.

No início dos anos 2010, os brasileiros eram considerados azarões nas competições de nível mundial. No entanto, muitos deles começaram a se destacar e a competir em igualdade com os surfistas mais renomados do mundo, em um fenômeno que ficou conhecido como *Brazilian Storm*.

Gabriel Medina se tornou o primeiro brasileiro a conquistar o título mundial da WSL, em 2014. Em 2015, seria a vez de Adriano de Souza. Surfistas como Filipe Toledo, Silvana Lima, Ítalo Ferreira, Tatiana Weston-Webb, entre outros, também alcançariam sucesso notável no cenário internacional que somaram, até 2023, impressionantes sete títulos mundiais em nove edições disputadas do WSL Championship Tour.

A presença forte e contínua dos surfistas brasileiros no cenário mundial não apenas mudou a percepção deles como azarões, mas também consolidou o Brasil como uma potência no esporte e inspirou uma nova geração de surfistas no país.

Nos Jogos Olímpicos de 2020 (realizados em 2021, devido ao adiamento provocado pela pandemia de covid-19), o surfe estreou como modalidade olímpica, ao lado do skate, e o Brasil trouxe o ouro pelas mãos de Ítalo Ferreira. O atleta emocionaria o mundo ao contar sua história de superação e vitória, tendo aprendido a surfar na tampa da geladeira de isopor que o pai, pescador, usava para guardar os peixes no litoral do Rio Grande do Norte. Em 2023, Ítalo se tornou o primeiro surfista masculino a ser nomeado embaixador do Banco do Brasil, patrocinador do atleta. Da marginalização ao ouro olímpico, a história do surfe passou a ser recontada. E é uma nova história que todos querem contar.

PARA CURTIR E SABER MAIS

A onda (2023)

Durante décadas, o surfe esteve associado à diversão e à falta de compromisso, e levou quase um século para ser reconhecido como esporte. Esta minissérie em quatro episódios conta o passado, o presente e o futuro do surfe.

CAPÍTULO 3

Olho no Lance

Em 1938, os Estados Unidos estavam imersos em um contexto social marcado por uma série de desafios, mas também de avanços e eventos que moldavam a maneira como a população se relacionava entre si e com a mídia predominante.

O país ainda se recuperava dos efeitos da Grande Depressão, provocada pela quebra da Bolsa de Valores de Nova York, em 1929. Milhões de norte-americanos estavam desempregados, muitas famílias enfrentavam situações financeiras precárias e a economia se recuperava lentamente. Com o alto desemprego, a pobreza afetava grande parte da população.

Ainda havia o rescaldo, social e econômico, da Primeira Guerra Mundial, enquanto o próximo grande confronto global já se avizinhava. Os norte-americanos, preocupados com o conflito iminente na Europa, debatiam o papel dos Estados Unidos no cenário internacional.

Mas a década de 1930 foi acompanhada por avanços tecnológicos significativos, incluindo a popularização dos automóveis e do rádio — este último, uma fonte crucial de entretenimento e informação na época. Por essa razão, o dia 30 de outubro de 1938 seria eternizado como um evento memorável e um exemplo icônico de que capturar a atenção da audiência deliberadamente pode ter um impacto social poderoso.

O ator, diretor e escritor Orson Welles conduzia o programa de rádio *The Mercury Theatre on the Air*, cuja proposta era apresentar uma série de narrativas dramatizadas ao vivo para o público. Naquele dia, porém, o programa foi apresentado como sendo um noticiário ao vivo, narrando aquele que seria o evento mais disruptivo do Universo: uma invasão alienígena em tempo real. Em meio à dramatização, eram apresentados boletins de notícias. Atores e locutores talentosos desempenharam seus papéis de forma convincente, e o uso de efeitos sonoros realistas contribuiu para a autenticidade da transmissão.

O impacto dessa abordagem de capturar propositalmente a atenção foi surpreendente. Os ouvintes que sintonizavam o rádio no meio da transmissão acreditavam que o mundo, de fato, estava sendo invadido por extraterrestres. O pânico se espalhou rapidamente, com pessoas fugindo de suas casas, ligando para a polícia e tentando se proteger.

Tratava-se, contudo, da dramatização de *A Guerra dos Mundos*, de H.G. Wells, adaptada especialmente para aquele programa de entretenimento no rádio.

A ilusão criada pela transmissão e a maneira convincente como foi entregue causaram um tumulto real em algumas áreas. Orson Welles e sua equipe utilizaram técnicas de dramatização e apresentação altamente cativantes. Adotando uma abordagem que fundia ficção e realidade, atraíram a atenção do público de forma inesperada e eficaz. Esse é o poder que se ganha ao capturar essa atenção.

AS SETE GERAÇÕES

A seguir, apresentamos uma breve descrição das gerações com as quais convivemos hoje e da relação de cada uma delas com a tecnologia e a sociedade. Obviamente, a intenção não é classificar ou colocar as pessoas em caixinhas de acordo com a idade. Reconhecer as diferentes relações de cada geração com a tecnologia não apenas promove a inclusão e a compreensão intergeracional, como também é essencial para atender às necessidades e expectativas em constante evolução de uma sociedade cada vez mais conectada.

- **Geração Silenciosa**
  Anos de Nascimento: entre 1928 e 1945.

Cresceram durante a Grande Depressão e presenciaram eventos históricos disruptivos, como a Segunda Guerra Mundial. São conhecidos por seu forte senso de dever, disciplina e respeito à autoridade. Muitos deles têm uma abordagem mais conservadora em relação à tecnologia.

- **Baby Boomers**
  Anos de Nascimento: entre 1946 e 1964.

Testemunharam a ascensão de movimentos sociais, como o dos direitos civis e o movimento feminista. São frequentemente associados a uma ética de trabalho sólida e estão em transição para a aposentadoria. Muitos baby boomers têm familiaridade limitada com a tecnologia. No entanto, é uma geração que consome muito mais conteúdo online em comparação à anterior e sua presença digital é mais constante.

- **Geração X**
  Anos de Nascimento: entre 1965 e 1980.

São conhecidos por seu espírito focado e independente quanto à busca por segurança financeira. Tendem a priorizar o equilíbrio entre vida pessoal, profissional e familiar, ainda que valorizem muito o trabalho. São considerados pioneiros da revolução digital.

- **Geração Y (*Millennials*)**
  Anos de Nascimento: entre 1981 e 1996.

São a primeira geração a crescer com a internet e a tecnologia digital, como computadores e videogames. Valorizam a flexibilidade no trabalho, têm uma mentalidade empreendedora e são altamente conectados em redes sociais. São frequentemente associados à busca por propósito no trabalho.

- **Geração Z**
  Anos de Nascimento: entre 1997 e 2010.

São conhecidos por valorizar a diversidade, têm consciência social e desejam mudanças. A preocupação com questões ambientais e de sustentabilidade é outra característica marcante desta geração. Possuem habilidades tecnológicas avançadas e preferem formas de comunicação mais visuais.

- **Geração Alpha**
  Anos de Nascimento: entre 2010 e 2018.

  É a primeira geração verdadeiramente nativa digital, que nasceu com smartphones e mídias sociais como parte preponderante e intrínseca da sua vida. Com acesso constante a dispositivos eletrônicos e mídia, a relação desta geração com a tecnologia possivelmente influenciará todos os aspectos de sua vida.

- **Geração C**
  Anos de Nascimento: a partir de 2019.

  A transição entre gerações costuma ser marcada por eventos históricos disruptivos, que provocam uma profunda transformação na sociedade. Esse é o caso da pandemia de covid-19. As crianças nascidas no ano que deu início à pandemia chegaram ao mundo e passaram a se relacionar com ele e com os outros seres humanos de maneira bastante distinta das gerações anteriores. Para alguns estudiosos, isso vale até mesmo para aquelas nascidas poucos anos antes, pois também foram igualmente afetadas pelos impactos da doença, do isolamento social e das medidas de contenção ao vírus. Passaram a se familiarizar com novas formas de interação e de aprendizagem, como as aulas online, e a naturalizá-las.

ECONOMIA DA ATENÇÃO

Se, por um lado, a democratização do acesso a dispositivos digitais e a popularização das mídias favoreceram o acesso à informação, por outro, o excesso de informação e estímulos provocou uma briga ferrenha: a disputa pela nossa atenção.

As notificações e vibrações constantes mantêm nosso cérebro em cativeiro. No mundo digital, parece que nossa mente está sempre ocupada. Assim, encontrar um momento de tranquilidade e reflexão profunda é como procurar um tesouro escondido no meio da agitação.

Eis o cerne da questão: em um cenário que nos proporciona um mundaréu de informações e distrações, nossa atenção se tornou um recurso raro e, portanto, valioso. Em contraposição, o tempo que temos para dedicar-nos a tudo isso permanece o mesmo. À medida que o mundo analógico e o digital se fundem, amplificando nossas possibilidades de experiências e aumentando a demanda por nossa atenção, nosso dia continua tendo as mesmas 24 horas, embora ainda mais disputadas por tantas possibilidades e demandas.

Nesse contexto, empresas e criadores de conteúdo se tornaram caçadores habilidosos, competindo para prender a nossa atenção da melhor maneira possível. Para isso, são desenvolvidas estratégias destinadas a atrair a audiência e manter seu interesse de maneiras cada vez mais sutis.

Quem nunca pegou o celular na mão enquanto assistia a um filme e, de repente, envolvido pelo TikTok, X (ex-Twitter), YouTube, WhatsApp, Facebook ou Instagram, viu que já tinha perdido completamente o fio da meada e precisou voltar o filme para entender a história? E aquele amigo que nunca para de mandar mensagens no grupo do WhatsApp? Ou as notificações que piscam no seu smartphone? É difícil manter o foco com todas essas distrações! Esses são exemplos simples de como as mídias podem roubar nossa atenção, capturando-a até mesmo quando não nos damos conta.

A economia da atenção — conceito usado para definir esse contexto no qual a atenção humana se torna um ativo relevante para as corporações — é uma espécie de corrida na qual todos disputam pelo ouro do seu tempo e do seu foco. E quando me refiro a "todos", isso inclui empresas, mídia, aplicativos, *gadgets*, consoles e dispositivos eletrônicos, bem como animais de estimação, amigos e familiares, que agora compartilham as suas escassas 24 horas diárias.

Quando a atenção se torna um recurso escasso,
a qualidade do conteúdo é ainda mais fundamental.

A economia da atenção é um desafio real, afetando a forma como empresas projetam produtos, como as notícias são apresentadas e como gerenciamos nosso tempo em um mundo ultraconectado.

Na luta pela atenção da audiência, empresas e criadores de conteúdo usam anúncios atrativos, vídeos que viralizam e todo tipo de material que sirva como ímã para os olhos. Para isso, as plataformas online têm seus truques, já bastante conhecidos. Os algoritmos, que vasculham seus gostos e comportamentos, conseguem direcionar conteúdo que o manterá grudado na tela, mostrando-lhe coisas das quais você provavelmente irá gostar.

Tudo isso tem impactos sociais e emocionais, que vão desde o incentivo à polarização — resultante da formação de bolhas de afinidade que se tornam cada vez mais apartadas umas das outras — até sensações de ansiedade e vício digital.

Dessa forma, as relações de confiança e de afinidade, tanto com as pessoas quanto com as marcas, também podem ser afetadas. É um jogo cujo prêmio em disputa é o seu tempo — e a monetização dele.

Por essa razão, mesmo plataformas de serviço pago, como as de *streaming*, atualmente têm a publicidade como a principal estratégia de mercado e inserem anúncios no meio das transmissões, inclusive nos serviços premium, como é o caso do Spotify. Nesse sentido, empresas de mídia tradicionais também têm aderido a essa tendência, distribuindo conteúdo por meio de canais digitais, como faz a Globo através da Globoplay.

O estudo "Data-driven personalization: The future of streaming content discovery", produzido pela Nielsen em 2023, corrobora a ideia de que a publicidade tende a ser a principal fonte de renda dos canais de conteúdo. Ele destaca a crescente adesão a um modelo de consumo baseado em publicidade no *streaming*, por meio de canais gratuitos com suporte a anúncios. Diferentemente dos serviços de conteúdo exclusivamente *on-demand*, como Netflix e Hulu, plataformas como Pluto TV oferecem, além do catálogo *on-demand*, uma programação semelhante à TV tradicional, ou seja, uma grade de programação pré-estabelecida e intercalada por anúncios, que mantêm a operação da plataforma e permitem que o serviço seja oferecido gratuitamente aos usuários.

Na América Latina, as pessoas passam, em média, mais de três horas diárias navegando por seus *feeds* nas redes sociais, segundo o relatório "The global media landscape", publicado em 2023 pela GWI. Embora esse número seja impulsionado principalmente pelo público mais jovem (a geração Z e os *millennials* passam em média 2 horas e 44 minutos por dia nas redes sociais), a geração X e os *baby boomers* aderiram massivamente a seu uso, chegando a quase duas horas diárias, um aumento de 14 minutos desde 2018. Ao todo, os latino-americanos passam chega a quase quinze horas diárias consumindo mídia em geral.

O fato é que o público atualmente está cada vez mais acostumado a consumir o conteúdo que deseja, na hora que quer, por meio do dispositivo que estiver a seu dispor, sem depender da grade de programação ou da televisão fixa na sala de casa.

Esse novo paradigma gera um desafio para as marcas e a publicidade de maneira geral. Uma audiência que tem catálogos de conteúdo tão vastos à disposição não quer assistir aos anúncios, muito menos ser interrompida por eles. Quando isso acontece, as pessoas tendem a desviar a atenção, abrindo um aplicativo de rede social, de jogos ou simplesmente desviando o foco até que o anúncio acabe. A estratégia mais eficaz passa a ser *contextualizar* o anúncio, tornando-o parte do conteúdo, e não uma interrupção.

No dia 24 de agosto de 2022, mais de 20 milhões de pessoas foram impactadas simultaneamente pelo merchandising da Flash, uma *HRtech* que trabalha com benefícios flexíveis para colaboradores. No horário nobre da Globo, a novela *Pantanal* exibia uma cena em que os funcionários do fazendeiro Zé Leôncio recebiam seus cartões de benefícios, com uma vasta explicação de como aquela era uma excelente opção para eles. Anteriormente, em outra inserção da marca na novela, o filho de Zé Leôncio havia visitado a sede da Flash em busca de um produto que atendesse ao perfil dos funcionários da fazenda; a empresa, então, demonstra como os benefícios podem ser personalizados, o que agrada ao fazendeiro.

O que poderia ter sido um anúncio ignorado acabou sendo visto por uma audiência massiva, que assistia a uma das novelas mais queridas e não desejava perder uma cena sequer. Inserida nesse contexto, a propaganda não foi vista como uma interrupção, tampouco foi incômoda; ao contrário, ela se integrou ao conteúdo da novela, sendo ao mesmo tempo informativa e valorizando o produto anunciado. Na economia da atenção, a contextualização supera, e muito, a simples interrupção.

TIPOS DE ATENÇÃO

Existem diferentes tipos de atenção, que variam em termos de foco, duração e envolvimento cognitivo. Aqui, vale mencionar os seguintes:

- **Atenção Sustentada**

  Este tipo de atenção envolve manter-se concentrado em uma tarefa específica por um período de tempo mais extenso. É necessário para realizar atividades que exigem foco prolongado, como estudar ou executar tarefas profissionais.

- **Atenção Seletiva**

  A atenção seletiva envolve a capacidade de concentrar-se em um estímulo ou tarefa específica, enquanto se ignora ou bloqueia outras informações ou distrações ao redor. É essencial para filtrar informações e manter o foco em uma atividade.

- **Atenção Dividida**

  Este tipo de atenção permite que uma pessoa divida seu foco e se concentre em várias tarefas que precisam ser executadas simultaneamente. Um exemplo é quando um *streamer* lê as interações do público no *chat* durante uma *live*.

- **Atenção Alternante**

  A atenção alternante envolve situações em que é preciso realizar tarefas múltiplas e alternar o foco entre diferentes atividades, de maneira rápida e eficaz. É fundamental para lidar com transições de tarefas ou situações em que várias informações competem por atenção. Por exemplo, ao abrir as redes sociais enquanto se assiste a um filme, é preciso ativar este tipo de atenção para não perder nada.

- **Atenção Executiva**

  É um tipo de atenção mais avançado, que envolve o gerenciamento de diferentes aspectos, como planejamento, organização, inibição de impulsos e resolução de problemas. É fundamental para funções cognitivas superiores, como tomadas de decisão e controle emocional.

A CORRIDA DO OURO

Nessa disputa tão árdua por audiência, o principal desafio é sobressair e permanecer relevante. Durante a maior parte da história humana, as pessoas exploravam recursos naturais e faziam trabalhos físicos pesados. Esse era o modo de manter a economia ativa. No entanto, nas últimas duas décadas, algo incrível aconteceu: o conhecimento, a inteligência e a criatividade se tornaram ingredientes importantes para a receita (literal e figurativamente), impulsionando a inovação e o crescimento econômico.

Surge, assim, a *creators economy* (ou economia dos criadores), um tipo de evolução natural no desenvolvimento histórico do consumo de entretenimento. A *creators economy* é o mercado movido pela criação de conteúdo por parte de criadores individuais que interagem com a audiência, formam comunidades e monetizam essa relação, por meio de plataformas de mídia social.

O monopólio da criação de conteúdo deixa de ser das grandes corporações e flui também para os talentos individuais. Essa mudança foi fortalecida e se consolidou durante a pandemia, que forçou o surgimento de novas formas de trabalhar, mais flexíveis e modernas. Se a atenção é o ativo mais caro e escasso da economia atualmente, a criatividade se tornou uma grande força motriz.

> *"Se a televisão minou os leitores de jornais, a internet, por fim, trouxe abaixo o modelo de negócios de árvores mortas. Como sua entrega física, os jornais são um pacote econômico. A seção de negócios paga pelas reportagens políticas; as seções de automóveis e imobiliárias inter-subsidiam as investigações internacionais. Porém a internet removeu a necessidade dos subsídios."*
>
> *— Derek Thompson*

Se, na década de 2010, somente alguns poucos youtubers conseguiam ser bem-sucedidos e monetizar seu trabalho de maneira sustentável, a década seguinte traria uma nova onda de criadores multiplataformas. O relatório "A Creator economy é a nova economia", publicado pela Youpix, em 2023, traz alguns dados que nos ajudam a compreender melhor a dimensão desse mercado:

- Atualmente, estima-se que existem 300 milhões de *creators* ao redor do mundo — um número seis vezes maior do que em 2021, já que o artigo "Creator Economy: as marcas precisam estar atentas ao futuro", publicado na *MIT Technology Review*, apontava a marca de 50 milhões.
- Há 20 milhões de *creators* ativos no Brasil.
- Estima-se que 1 bilhão de pessoas se identificarão como *creators* até 2028.
- A *creators economy* movimentou US$15 bilhões em 2022.

Há diversos casos extremamente bem-sucedidos de *creators* que transformaram seu nome em marca. A Biobots, primeira agência publicitária de avatares, trouxe ao mercado a Satiko, versão digital da apresentadora Sabrina Sato, mirando um futuro no metaverso. Enquanto isso, o perfil de Satiko acumula mais de 36 mil seguidores no Instagram e faz publicidade para grandes marcas e eventos.

Saindo do metaverso e pousando no mundo físico, um bom exemplo é o caso da influenciadora e empresária Bianca Andrade, conhecida pela alcunha de Boca Rosa. Ativa no YouTube desde 2011, Bianca começou sua carreira como blogueira de beleza e maquiagem. Em 2018, lançou sua marca de produtos de beleza, a Boca Rosa Beauty, em parceria com a Payot, onde assumiu também o cargo de diretora criativa.

Em 2020, a influenciadora participou de uma das edições de maior audiência do *Big Brother Brasil*, e não desperdiçava nenhuma oportunidade de divulgar os seus produtos. Após a participação no *reality*, a venda dos produtos triplicou.

O faturamento da Boca Rosa Beauty girou em torno de R$160 milhões no ano de 2022. Após cinco anos de parceria, a influenciadora rompeu com a Payot, e em 2024, os produtos da Boca Rosa Beauty passaram a ser produzidos pela própria marca de Bianca.

Em 2023, Bianca Andrade anunciou em suas redes sociais que a Boca Rosa Beauty seria a nova patrocinadora do time feminino de vôlei do Corinthians. Segundo ela, havia chegado o momento de realizar um dos seus sonhos: incentivar as mulheres no esporte.

Na data do anúncio do patrocínio, no dia 2 de março de 2023, a conta oficial do time contava com pouco mais de mil seguidores no perfil no Instagram, no qual havia postagens esporádicas. Em outubro do mesmo ano, o time feminino de vôlei do Corinthians já somava aproximadamente quarenta mil seguidores. As publicações, agora regulares, carregam uma identidade visual mais característica, com templates em tons de preto e vermelho, cores do time, acompanhadas do cor-de-rosa e da logo da Boca Rosa Beauty, anunciando as datas e horários dos jogos. Há ainda conteúdos relacionados aos treinos, jogos e informações sobre as atletas e categorias de base.

Quando a criação de conteúdo se transforma em valor, tem-se um resultado de sucesso. Quando a *creators economy* encontra o esporte, trata-se de uma parceria de ouro. Nesse sentido, você, leitor, provavelmente já pensou em um dos exemplos mais emblemáticos nesse âmbito: um carioca chamado Casimiro Miguel.

O FENÔMENO CAZÉ

Quando começou a fazer lives (ou a "streamar", neologismo verbal na língua portuguesa relacionado ao conceito de *streaming*), o conteúdo do ex-estudante de jornalismo e ávido torcedor do Vasco da Gama, Casimiro Miguel, era bem variado. Inevitavelmente, o canal "Casimito" falava de futebol, já que essa era uma paixão do *streamer* ao estrear na Twitch, a rede "roxinha", em 2018.

No entanto, Casimiro se popularizou justamente pela versatilidade do conteúdo, que abrangia desde análises bem-humoradas de lancheiras escolares publicadas por mães até reações a vídeos de mansões postadas por corretores de imóveis de luxo. Além disso, comentava sobre *reality shows*, como *Big Brother Brasil*, *Masterchef* e *Shark Tank*, falava de filmes e séries e fazia *gameplays*, entre outros tipos de conteúdo.

As lives de Casimiro, carinhosamente chamado pela audiência de Cazé, se popularizaram rapidamente e logo atingiram números impressionantes. Algumas transmissões chegavam a somar dezenas de milhares de espectadores simultâneos, mesmo em horários pouco convidativos, como às 3h da madrugada. Vale ressaltar que a Twitch é uma plataforma de nicho, destinada à transmissão de gameplays e campeonatos de *e-sports*, e é muito menos conhecida que o YouTube. Ainda que haja *creators* de diferentes temas, o público da Twitch costuma ficar restrito às gerações X, *millennials* e Y.

A pandemia de covid-19 trouxe mudanças significativas na forma como as pessoas passavam o tempo e consumiam entretenimento. Isso também afetou a ascensão de muitos criadores de conteúdo, incluindo o Cazé.

Com as medidas de isolamento social em vigor, mais pessoas começaram a buscar novas opções de entretenimento online para preencher o tempo livre. Além disso, a pandemia provocou uma sensação de solidão em muita gente. Nesse cenário, as plataformas de *streaming* e as comunidades que se formavam em torno delas ofereciam uma sensação de pertencimento e interação. Graças a isso, a Twitch, dentre outras plataformas, tiveram um aumento significativo no número de usuários.

A interação com os espectadores é uma característica importante de muitos criadores de conteúdo de sucesso. Os *streamers* buscam aproximar-se ainda mais da audiência e transformá-la, de fato, em uma comunidade engajada. Nesse sentido, o Cazé brilhou, destacando-se por seu carisma e pela forma como interage com os espectadores, criando um ambiente acolhedor e divertido em suas transmissões.

Essa era só a ponta do iceberg. Em 2022, o Athletico Paranaense era o único time, dentre os que disputavam a série A do Campeonato Brasileiro, que não teria seus jogos em casa transmitidos em canal fechado. A Globo era a detentora dos direitos de transmissão das demais partidas, mas os jogos disputados em Curitiba só seriam vistos por quem visitasse a Arena da Baixada. Foi Casimiro quem conquistou os direitos para transmitir os jogos em seu canal na Twitch. Em 2023, o contrato foi renovado.

Porém, ainda em 2022, a transmissão de futebol mais disruptiva ainda estava para acontecer. A LiveMode empresa de mídia e marketing esportivo que gerencia diversos direitos a área de esportes, foi contratada pela Fifa como responsável pela venda dos patrocínios para a América Latina. Desde 2020, a Globo já havia assegurado os direitos de transmissão da Copa do Mundo Catar 2022, mas, dessa vez, a emissora havia optado por um contrato de custo mais baixo, não exclusivo para transmissão na internet.

Com a possibilidade de monetizar esses valores no âmbito digital, a Fifa acionou a LiveMode para colocar esses direitos no mercado por um preço mais baixo, já que a disputa por audiência com a Globo certamente deixaria a transmissão online em grande desvantagem. Era a oportunidade de um canal de *streaming* transmitir o maior campeonato de futebol da Terra.

Casimiro montou uma equipe de peso no canal que passaria a se chamar Cazé TV, no YouTube, e fez a cobertura, na íntegra, de todos os jogos da Copa do Mundo Catar 2022, contando com patrocinadores como Coca-Cola, McDonald's, Nubank, Vivo, iFood e Estrela Bet.

Entre julho e agosto de 2023, o sucesso se repetiria, dessa vez com a transmissão da Copa do Mundo feminina. A cobertura atingiu aproximadamente 70 milhões de visualizações na Cazé TV e contou novamente com patrocinadores já conhecidos, como Coca-Cola, McDonald's, iFood e Esportes da Sorte, aos quais se somaram Eurofarma, Itaú, Latam, Mastercard, Mercado Livre, dentre outros.

O SUCESSO EM NÚMEROS

Estes são os números de inscritos do canal do Casimiro durante a escrita deste livro, no último trimestre de 2023:

- A Cazé TV (@CazeTV) conta com 9,29 milhões de inscritos no YouTube.
- O perfil @CazeTV_, que reproduz o conteúdo transmitido no YouTube, soma 298 mil inscritos na Twitch.
- O @casimito, perfil original do Cazé na Twitch, que o popularizou, soma 3,7 milhões de inscritos.
- O @CortesdoCasimitoOFICIAL, canal de cortes das *lives* do canal da Twitch, tem 3,62 milhões de inscritos.
- No Instagram, rede na qual ele posta esporadicamente, o *streamer* conta com 4,3 milhões de seguidores.

Nesse mesmo ano, a Cazé TV também transmitia:

- os jogos do Botafogo e do Vasco da Gama pelo Campeonato Carioca, quando eles eram anfitriões;
- as partidas em casa do Athletico Paranaense pelo Brasileirão;
- os jogos do Mundial de Clubes 2023;

- a temporada 2023/2024 da Bundesliga, o campeonato alemão de futebol;
- os Jogos Pan-Americanos em Santiago do Chile, em parceria com o Comitê Olímpico Brasileiro (COB).

Ao entrar para o time de padrinhos do COB, além do Pan, a Cazé TV também foi selecionada para acompanhar o Time Brasil nos Jogos Olímpicos de Paris 2024. Apesar do sucesso estrondoso com os esportes, Casimiro ainda agrada os fãs mais antigos que se interessavam pelos outros conteúdos. Para os madrugadores de plantão, ele ainda faz *lives* em seu canal na Twitch, semelhante ao que fazia quando criou o perfil Casimito, na roxinha, em 2018.

PARA CURTIR E SABER MAIS

Invictus (2009)

Depois do fim do regime de *apartheid*, o recém-eleito presidente Nelson Mandela lidera uma África do Sul que continua racial e economicamente dividida. Ele acredita que pode unificar a nação por meio da linguagem universal do esporte.

PARTE 2
ESTRATÉGIAS EM CAMPO

Nesta segunda parte do livro, adentramos as táticas e estratégias intrincadas do universo dos patrocínios, revelando os movimentos decisivos por trás dos acordos e eventos de destaque

CAPÍTULO 4

Uma Cesta de Três Pontos Marcada a Várias Mãos

Em 1937, General Electric (GE), Firestone e Goodyear financiaram e fundaram a National Basketball League (NBL), cujo objetivo era fortalecer o cenário do basquete profissional nos Estados Unidos, sobretudo nas regiões de Illinois, Indiana, Michigan, Minnesota, Nova York, Ohio, Pensilvânia e Wisconsin. Em 1940, a NBL seria presidida por Leo Fischer, editor de esportes de um jornal de Chicago — cidade que entraria para os anais do basquete com um dos jogadores mais icônicos de todos os tempos. A princípio, a liga era composta por equipes menores, vinculadas a instituições de ensino ou a empresas privadas do setor industrial.

Em junho de 1946, foi fundada a Basketball Association of America (BAA). Mais robusta, o objetivo principal desta liga era alcançar maior abrangência e estabelecer o basquete como um dos principais esportes nacionais dos Estados Unidos.

Foi com esse mesmo propósito que, em agosto de 1949, a BAA e a NBL anunciaram sua fusão, motivadas pela competição e pela divisão de jogadores e fãs, o que levava à dispersão de talentos e recursos entre as duas ligas. Assim, foi criada a National Basketball Association (NBA) — a principal liga de basquete profissional dos Estados

Unidos e uma das ligas esportivas mais prestigiosas do mundo —, que incorporou as equipes e os atletas das duas ligas originais.

A temporada inaugural da NBA começou em 1º de novembro de 1949, com dezessete equipes. A primeira equipe campeã foi o Minneapolis Lakers, liderada por George Mikan, que venceu o Syracuse Nationals por 4 a 2 nos playoffs.

Desde sua criação, a NBA cresceu e se desenvolveu significativamente. A liga passou por várias rodadas de expansão para incluir mais equipes, e sua popularidade só aumentou, o que fez dela a liga de basquete profissional mais prestigiosa do mundo.

Na década de 1960, a NBA continuava buscando se expandir e incorporar novos times, a fim de capitalizar o crescente interesse pelo basquete. Em 1966, Chicago estava entre as cidades escolhidas para receber uma equipe de expansão. A cidade, que já contava com dois times na liga, os Chicago Stags e os Zephyrs, quis homenagear a indústria da carne, predominante na região. Assim, surgiram os Chicago Bulls, representados pela icônica cabeça de boi vermelha com chifres em riste.

A visibilidade do basquete só aumentava, ao passo que o esporte atraía olhares de atletas, mas também de marcas interessadas em se associar a tanta popularidade e capitalizar sobre ela.

No início dos anos 1980, a Converse dominava o mercado de basquete. Seus tênis, cuja imagem ficaria fortemente ligada ao movimento *grunge* da década seguinte — e ao *lifestyle* mais ligado ao rock até hoje — não ostenta o nome Chuck Taylor por acaso. O jogador, nascido em 24 de junho de 1901, entrou para o Basketball Hall of Fame em 1969 e era a "cara" dos tênis de lona produzidos pela Converse, que, por mais incrível que possa parecer, dominava as quadras de basquete.

Associar-se ao basquete traria popularidade, mas também prestígio às marcas (no Capítulo 5, falarei mais sobre isso). Para enfrentar o predomínio da Converse, a Nike procurava um jogador de basquete proeminente para representar sua marca. Foi então que um atleta recém-

-formado pela Universidade da Carolina do Norte, prestes a ingressar na NBA após uma destacada carreira no basquete universitário, entrou em cena.

A relação entre Michael Jordan e a Nike começou em 1984. Logo após se juntar ao Chicago Bulls, Jordan assinou um contrato de patrocínio com a marca para a criação de uma linha de tênis de basquete com seu nome. A Nike viu o potencial excepcional do jogador, que em sua partida de estreia na NBA marcou dezesseis pontos em quarenta minutos. O atleta, chamado de Air Jordan pela sua capacidade de "voar" nas quadras, carregava uma marca própria e um extremo apelo de marketing consigo.

A Nike ofereceu ao jogador um contrato de patrocínio inovador para a época, no valor de cerca de 2,5 milhões de dólares por cinco anos, além de uma parte das vendas de cada par de tênis vendido.

O primeiro Air Jordan foi lançado em 1985. O modelo era vermelho e preto, remetendo às cores do Chicago Bulls, e causou um grande impacto na cultura do basquete e da moda. No início, a NBA proibiu que Jordan usasse os tênis em partidas oficiais, já que o modelo não seguia as regras de cor para uniformes — o que só aumentou a curiosidade e a demanda por eles.

A relação entre Michael Jordan e a Nike foi um verdadeiro win-win. O patrocínio catapultou o atleta — que viria a ser um dos maiores jogadores de basquete de todos os tempos — e a marca Nike, resultando na criação de uma das linhas de calçados mais icônicas e bem-sucedidas da história.

A receita anual da Nike gerada pela marca Jordan só cresce. Estes são os valores de faturamento:

- Em 2015: 2,6 bilhões de dólares.
- Em 2016: 2,8 bilhões de dólares.

- Em 2017: 3,1 bilhões de dólares.
- Em 2018: 2,9 bilhões de dólares.
- Em 2019: 3,1 bilhões de dólares.
- Em 2020: 3,6 bilhões de dólares (vale mencionar que este foi um ano de crise gerada pela pandemia da covid-19).
- Em 2021: 4,7 bilhões de dólares.
- Em 2022: 5,1 bilhões de dólares.

A parceria com Jordan seria a primeira de muitas para a Nike, que a levariam ao topo do mercado de tênis, roupas e artigos esportivos, por meio de contratos de patrocínio de atletas.

O risco que a marca assumiu em 1984, ao assinar um contrato tão vultuoso com o um atleta, era enorme. Mas o resultado foi brilhante — mesmo após quatro décadas de parceria, os números falam por si. O valor de mercado da marca Air Jordan é de dez bilhões de dólares atualmente.

Quando olhamos para a lista dos atletas mais bem pagos de todos os tempos, incluindo ganhos com salários e *endorsements*, isto é, licenciamentos para marcas e patrocínios, Jordan está no topo, com uma fortuna que supera os 3 bilhões de dólares, segundo informado pela *Forbes* em outubro de 2023.

Certamente, o talento gigantesco de Michael Jordan o teria levado de qualquer maneira a uma carreira muito bem-sucedida no esporte; igualmente, a expertise da Nike lhe teria gerado bons resultados. No entanto, foi a parceria entre esses dois excelentes *players* que os levou ainda mais longe.

Esse é o poder do patrocínio.

> *"Algumas pessoas gostariam que algo acontecesse. Algumas desejam que aconteça. E outras fazem acontecer."*
> *Michael Jordan*

PATROCÍNIO É VENDA CONSULTIVA

Venda é o processo de trocar produtos ou serviços por dinheiro ou outro valor, realizada sob diferentes condições e contextos. Na abordagem de vendas tradicional, o vendedor geralmente tem um papel mais ativo na apresentação e promoção do produto ou serviço. O foco principal está na oferta em si, destacando suas características e benefícios. À medida que o vendedor fornece informações sobre o produto para influenciar o cliente, o principal objetivo é fechar a venda o mais rápido possível.

Na venda consultiva, o vendedor desempenha um papel que mais se assemelha ao de um consultor do que o de um vendedor propriamente. Ele procura entender as necessidades do cliente de forma mais profunda e oferecer soluções personalizadas, a fim de *resolver um problema do cliente*.

Nesse caso, o diálogo entre vendedor e comprador é ainda mais fundamental. Por meio de uma comunicação mais equilibrada, com muito espaço para o comprador expressar seus desejos e preocupações, o vendedor faz perguntas abertas para explorar as necessidades do cliente e oferece insights e orientações com base nas informações obtidas.

O fechamento da venda pode levar mais tempo, mas costuma ser uma consequência natural do processo. Afinal, o principal objetivo, mais do que vender, é construir um relacionamento de médio ou longo prazo com o cliente, fornecendo soluções que atendam a necessidades específicas.

A venda tradicional é mais focada na transação imediata e na promoção do produto ou serviço, podendo ser mais imediata e efêmera. Por sua vez, a venda consultiva se concentra na compreensão das necessidades do cliente e na prestação de serviços *personalizados*, levando a relacionamentos mais sólidos e duradouros — este é o caso dos patrocínios.

"Sonhe com audácia. Tenha a coragem de persistir diante das adversidades. Aja com urgência."
Phil Knight

A primeira equipe universitária de remo nos Estados Unidos foi criada na Universidade Yale, em 1843. No ano seguinte, seria a vez de Harvard fundar a sua própria equipe. Essas duas aclamadas universidades da Ivy League sempre mantiveram um clima de competição entre si, seja no âmbito acadêmico, seja no âmbito esportivo. Nesse sentido, em 1852, a equipe de Yale desafiou a de Harvard a testar a superioridade dos remadores das duas faculdades. Assim seria criada a tradicional regata Harvard-Yale, conhecida como The Race.

James M. Whiton e Joseph Mansfield Brown, representando Yale e Harvard, respectivamente, foram os principais responsáveis por organizar a corrida, que teve lugar em 3 de agosto de 1852. Além da estrutura para a competição, os atletas precisariam de recursos para se deslocar até o local onde aconteceria a corrida, no Lago Winnipesaukee, em New Hampshire. A Universidade Yale, em New Haven, está a aproximadamente 250 milhas do lago, enquanto a distância da Universidade Harvard supera as 100 milhas.

O primeiro caso de patrocínio registrado na história remonta justamente a 1852. Um dos remadores, James M. Whiton, propôs ao empresário do ramo ferroviário James N. Elkins, superintendente da Boston, Concord & Montreal Railroad, que viabilizasse a corrida de barcos entre Yale e Harvard naquele ano inaugural.

Elkins atendeu ao pedido e concedeu aos atletas as passagens para que se deslocassem até o local da competição, em New Hampshire. Em contrapartida, a competição divulgaria o nome e a marca de Elkins, inaugurando um tipo de parceria entre empresa privada e entidades esportivas, inédito até então — o que hoje conhecemos como Value In Kind (VIK), ou permuta.

A estreia da regata Harvard-Yale foi um sucesso e perdura até hoje. A edição de 1852 foi vencida por Harvard, mas, desde então, Yale tem também colecionado uma série de vitórias, incluindo a mais recente, em 2023. Além de lançar mão de um tipo de patrocínio até então inovador, a disputa abriu caminho para os tradicionais jogos universitários nos Estados Unidos, que revelaram alguns dos maiores atletas do mundo.

Value In Kind é uma forma de transação na qual produtos ou serviços são trocados sem propriamente envolver dinheiro — em vez disso, o valor da transação é determinado com base no valor dos itens ou serviços incluídos. É o que chamamos de permuta, um termo bastante popularizado com a *creators economy* (da qual tratei no Capítulo 3).

Por exemplo, se uma empresa concorda em fornecer produtos ou serviços para um evento como parte de um acordo de patrocínio, o valor desses produtos ou serviços é considerado Value In Kind. Em vez de fazer um pagamento em dinheiro, a empresa estará contribuindo com seu valor para o evento. O mesmo princípio se aplica quando marcas fornecem produtos ou serviços para criadores de conteúdo em troca de acordos de divulgação.

Esse tipo de negociação é comum em contratos de patrocínio, parcerias comerciais ou mesmo em acordos entre empresas e organizações sem fins lucrativos. O modelo pode ser bem-sucedido — como a parceria entre James Elkins e a regata Harvard-Yale —, mas também pode gerar controvérsias. Por isso, é importante sempre estabelecer um contrato robusto, que esclareça as obrigações e direitos de ambas as partes.

Em suma, o patrocínio é uma forma de apoio, financeiro ou material, fornecido por uma entidade, empresa, instituição ou indivíduo a uma organização, evento, projeto ou pessoa. Em contrapartida, esse apoio ajuda na *solução de um problema* do patrocinador, seja ele qual for.

A propriedade ou ativo patrocinável, por sua vez, refere-se a qualquer indivíduo, equipe, evento, equipamento ou organização que possa ser patrocinado por uma empresa, marca ou indivíduo. Essas propriedades — ou ativos — são utilizados como veículos de marketing para beneficiar o patrocinador, mas eles também se beneficiam da relação. Alguns exemplos comuns de propriedades patrocináveis incluem eventos — esportivos ou não — festivais, equipes, espaços esportivos e de entretenimento, programas de televisão, atletas, celebridades, entre outros.

A partir do contrato de patrocínio, que estabelece os termos e as condições do apoio, patrocinador e patrocinado passam a *construir e contar uma história juntos*. O objetivo do patrocínio pode ser a visibilidade do patrocinador, a promoção de uma imagem positiva da marca e, potencialmente, o aumento do reconhecimento da empresa ou produto. Além disso, o patrocínio pode ser uma forma de investimento socialmente responsável, apoiando iniciativas que agregam valor à sociedade ou comunidade, embora, como veremos no próximo capítulo, não se limite a isso.

O patrocínio nos esportes pode ser considerado um tipo de venda consultiva, pois envolve um processo complexo e orientado para o relacionamento, em vez de uma simples transação comercial.

No patrocínio esportivo, a empresa patrocinadora procura entender as necessidades e objetivos do cliente, que, nesse caso, é a equipe esportiva, atleta ou evento esportivo. Isso inclui identificar como o patrocínio pode ser mutuamente benéfico, atendendo às metas do cliente e da empresa patrocinadora.

Em vez de simplesmente apresentar um produto ou serviço, a propriedade esportiva trabalha com a empresa patrocinadora para, juntos, criarem uma solução personalizada que atenda às necessidades específicas do cliente. Isso pode incluir a criação de estratégias de marketing, ações de ativação, e outros elementos para otimizar o valor do patrocínio.

Tudo isso envolve estratégias de marketing e comunicação complexas, para alinhar a imagem do ativo esportivo com os valores da empresa patrocinadora e garantir uma associação eficaz.

Ambas as partes, patrocinador e patrocinado, devem se proteger mutuamente, de modo a não expor o parceiro a constrangimentos. Isso inclui o cuidado em não gerar situações que possam prejudicar a imagem das marcas envolvidas, ou até mesmo abrir espaço para que outras marcas busquem surfar na onda do ativo patrocinado. Falarei sobre isso na seção a seguir.

PATROCINADOR OFICIAL X APOIADOR

Patrocinadores oficiais geralmente são os parceiros de maior destaque em um evento ou equipe, ou na relação com o ativo patrocinado. Eles fazem um investimento financeiro significativo, ao adquirir cotas de patrocínio maiores em troca de direitos e benefícios exclusivos. Podem, ainda, ser parceiros de médio a longo prazo, já que o contrato de patrocínio privilegia relações mais duradoras.

Apoiadores são parceiros que também oferecem algum nível de apoio, mas investem um valor menor, adquirindo cotas de patrocínio de valores mais baixos. Em alguns casos, seu investimento consiste em fornecer apoio logístico, suprimentos, serviços, instalações ou contribuições para ajudar no funcionamento de um evento ou equipe.

MARKETING DE EMBOSCADA

Quando uma marca patrocina um evento ou qualquer outro ativo ou propriedade, ela detém, contratualmente, a exclusividade para realizar ações de ativação ou quaisquer outros tipos de iniciativas publicitárias. No entanto, quando a relação de patrocínio se mostra bem-sucedida, é comum que outras marcas desejem surfar essa onda.

Ambushing marketing, ou marketing de emboscada, refere-se à estratégia na qual uma marca ou empresa tenta capitalizar a atenção de um evento sem ser um patrocinador oficial, dando a impressão de estar, de alguma forma, conectada à sua realização.

Isso pode ser feito de várias maneiras, como pelo uso de imagens ou atividades que se relacionem ao evento, ou até mesmo por meio de ações em redes sociais, mesmo sem uma autorização oficial. A estratégia é frequentemente usada por empresas que desejam associar-se a tais eventos, porém sem arcar com os custos de patrocínio. Ou seja, é a busca do bônus sem qualquer ônus.

O marketing de emboscada pode parecer atraente, mas bate na trave tanto em questões éticas do mercado quanto jurídicas, dependendo das normas contratuais estabelecidas e das regulações vigentes. Afinal, os direitos contratuais entre patrocinador e patrocinado envolvem direitos de propriedade intelectual e a garantia de que os patrocinadores oficiais recebam o reconhecimento e a exposição pelos quais pagaram. Portanto, não é correto que não patrocinadores roubem a atenção pública para si mesmos e subtraiam o valor que deveria ser gerado para o verdadeiro patrocinador.

No livro *Sponsorship in Marketing*, a autora Bettina Cornwell define quatro tipos de emboscada:

- Emboscada intencional e ilegal

É uma espécie de marketing predatório, em que a marca invade deliberadamente o território de um concorrente, interferindo na relação de patrocínio oficial na tentativa de confundir os consumidores e conquistar uma parcela de mercado.

- Emboscada intencional e legal

São atividades realizadas intencionalmente, mas que não violam os direitos de propriedade intelectual nem roubam explicitamente a cena, de modo que o patrocinador oficial não é deixado em segundo plano. A autora denomina esse tipo de emboscada de "estratégia criativa".

- Emboscada não intencional e legal

Considerada como uma emboscada incidental, envolve situações nas quais uma marca costuma estar tão atrelada ao evento ou ao ativo patrocinado que o público a interpreta como patrocinadora, ainda que não o seja, podendo acabar beneficiando-se dessa suposta relação.

- Emboscada não intencional e ilegal

É a emboscada feita pelos desavisados. Neste tipo, uma marca, sem estar ciente das relações de patrocínio ou das regulações, as viola inadvertidamente durante a comercialização de seus produtos. Um exemplo clássico é o de marcas e estabelecimentos que usam os anéis olímpicos em seus logotipos ou materiais de divulgação, sendo que somente os patrocinadores dos Jogos Olímpicos têm direito a exibi-los.

> *"Somando-se aos aspectos tangíveis, no esporte tem-se a experiência, a vivência e a percepção de valor, que decorrem dos benefícios agregados a determinado jogo, partida ou prova, como resultado da atmosfera do local e dos acontecimentos, que integram os pactos intangíveis do produto esportivo."*
>
> *— Dilson José de Quadros Martins*

Para se proteger das ações de emboscada, o contrato de patrocínio deve prever a exclusividade do uso de imagens, logotipos e quaisquer outros elementos associados. Tanto o ativo patrocinado quanto o patrocinador devem estar comprometidos com a boa execução do contrato e proteger-se mutuamente, inclusive acionando órgãos, instituições e dispositivos legais, sempre que necessário, para fazer valer esse contrato.

Em 2021, o Flamengo precisou prestar contas à Conmebol por práticas de marketing de emboscada, ao divulgar o próprio patrocinador do clube, uma casa de apostas, em conteúdos relacionados à sua estreia na Libertadores. No entanto, o regulamento da Libertadores proíbe que marcas que não sejam patrocinadoras do torneio sejam atreladas a ele.

Um exemplo bastante popular de marketing de emboscada ressurge anualmente e reacende as discussões sobre o tema: o *Big Brother Brasil*. O *reality show* mais popular da televisão brasileira tem superado ano a ano o faturamento com publicidade e cotas de patrocínio. Na edição de 2023, até mesmo a reciclagem do lixo foi patrocinada.

Conforme informado pela Globo e publicado pelas revistas Forbes e Época Negócios, os números dos patrocínios da edição de 2023 foram estes:

- Cota Big (R$105 milhões cada cota): Mercado Livre, Seara e Stone;
- Cota Camarote (R$80 milhões cada cota): Amstel, Downy, Pantene e TikTok;
- Cota Brother (R$15 milhões cada cota): Ademicon, Hypera Pharma, McDonald's, PagueMenos e Quinto Andar;
- Cota Reciclagem (inédita e sem valor informado): Braskem;
- Anunciantes (sem valores definidos): Ajinomoto, Always, Carrefour, Chevrolet, Chilli Beans, Claro, Coca-Cola, Doriana, Dove, Estácio, Nestlé, Oral-B, Óticas Carol, Piraquê, Rexona, Riachuelo, Samsung, Sonozzz, Spotify, Vick e Zé Delivery

Vale mencionar que, no dia 13 de janeiro de 2023, a Americanas, patrocinadora master, detentora da Cota Big, anunciou o cancelamento do patrocínio do reality que estrearia três dias depois. A decisão foi tomada devido a um rombo de 20 bilhões de reais então detectado nas contas da varejista, cuja chamada durante as compras no reality já era habitual para os espectadores. No entanto, em 16 de janeiro, o BBB estreou normalmente, com as ações de supermercado assumidas pelo Carrefour, enquanto o Mercado Livre assumiu a Cota Big que seria da Americanas.

Dada a audiência massiva — que costuma marcar mais do que o triplo da audiência das principais concorrentes somadas, SBT e Record — e a capacidade de mobilizar a opinião pública, em cada temporada do BBB é raro encontrar quem não esteja falando do assunto. E isso inclui marcas.

Sobretudo no X (ex-Twitter), os perfis oficiais de marcas de diferentes segmentos (incluindo o da Turma da Mônica!) emitem suas opiniões diariamente sobre os acontecimentos da casa localizada nos Estúdios Globo. No entanto, há momentos em que marcas aproveitam situações específicas para ficar na crista da onda e até mesmo fazer algumas promoções, o que gera controvérsias.

Quando era patrocinadora, a Fiat promoveu momentos marcantes ao longo da história do programa, como provas em que os participantes precisavam resistir apertados dentro de um Palio ou disputavam desafios de resistência ou sorte para ganhar um de seus veículos. A edição de 2023 foi a primeira que não contou com a marca italiana, espaço que seria ocupado pela Chevrolet. Mas a Fiat ainda assim se beneficiaria dessa (ausência de) relação.

No dia 26 de janeiro de 2023, durante uma prova que valia uma Chevrolet Montana, um espectador tuitou: "Que estranho não ser uma prova valendo um Fiat Toro #BBB23". Poucos minutos depois, o perfil oficial da Fiat respondeu dizendo, "Não tem prova hoje, mas vai ter carro sim. Quer jeito melhor de matar essa saudade?". Como presente, a empresa ofereceu uma Toro zero quilômetro para o espectador que notou a falta da marca no *reality*.

A Chevrolet até tentou se contrapor, respondendo aos tuítes e propondo ao público que se cadastrasse em uma promoção que estava em vigência no site. Porém, logo a Fiat estaria nos *Trending Topics*, liderando os assuntos mais falados no X com uma enxurrada de elogios. Por dias, a ação da marca italiana foi manchete e continuou reverberando nas redes sociais. A emboscada foi feita e muito bem-sucedida.

A HISTÓRIA QUE AS CAMISAS CONTAM

Em 2022, o mercado de apostas esportivas em todo o mundo foi avaliado em cerca de US$235,46 bilhões. No Brasil, a Lei 13.756, de 2018, abriu uma brecha para as apostas esportivas, o que encorajou empresas estrangeiras a entrarem no mercado. Ainda que não possam fixar uma sede, empresas baseadas em outras jurisdições podem ofertar serviços de apostas no país, por meio de plataformas online, enquanto o mercado espera o marco regulatório definitivo até o fim de 2024.

O acesso generalizado à internet e a popularização de smartphones facilitaram o acesso às plataformas de apostas. Some-se a isso o fato de que, desde 2020, elas passaram a liderar o ranking de patrocinadores master dos times de futebol. Desde então, a grande maioria dos brasileiros passaram a ver as camisas dos jogadores de seus times do coração ostentando o nome de um site de apostas, como também, muitas vezes, as placas que contornam o gramado.

Essa mistura entre o acesso facilitado e a paixão que o esporte mobiliza nas pessoas (falei sobre o assunto no Capítulo 2) torna o ato de apostar de qualquer lugar e a qualquer momento conveniente e acessível, compondo uma espécie de atividade de entretenimento arriscada.

> *A batalha dos titãs no campo se reflete na competição feroz pela atenção das massas nas telas e nas redes sociais.*

Não é de hoje que os patrocínios estampados nas camisas dos jogadores refletem um momento histórico e socioeconômico do país. A pesquisa Ibope Repucom, feita a pedido da *Folha de S.Paulo*, traça uma linha do tempo da economia brasileira projetada nos patrocínios de times de futebol.

A primeira marca a ser exposta na camisa dos jogadores no Brasil foi a da Coca-Cola, em 1987. A CBF passava por uma crise financeira tão grande que ameaçava inviabilizar o Campeonato Brasileiro. A solução encontrada foi selecionar somente os treze times com as maiores torcidas para disputar o que seria chamado de Copa União. A Coca-Cola patrocinou o torneio, sendo a contrapartida, que agradou a todos, a de expor a marca na camisa de todos os jogadores que o disputassem.

Já na década de 1990, a Parmalat queria assumir a liderança em vendas de laticínios no Brasil. Parte da estratégia foi associar-se ao Palmeiras, que pôde contratar talentos como Edmundo, o que ajudou o clube a se recuperar e finalmente voltar a vencer. A Parmalat, por outro lado, também teve um incremento significativo em suas vendas, o que despertou o interesse de outras marcas de alimentos em patrocinar o futebol.

Após o estabelecimento do Plano Real e a estabilização econômica, os brasileiros começaram a recuperar o poder de consumo. A Chevrolet, então, deu início à fase em que as montadoras eram exibidas em campo, patrocinando os dois principais times gaúchos no início dos anos 2000.

A década de 2010, por sua vez, exibia a competição nos campos e nas lojas. A inovação nos aparelhos de televisão, o acesso facilitado aos computadores e a popularização dos celulares fazia parte dessa era. Enquanto disputavam a bola, marcas de eletroeletrônicos eram expostas nas camisas dos times, refletindo a competição pela venda dos produtos em ascensão.

O fim da década de 2010 e o início dos anos 2020 vieram acompanhados do surgimento dos bancos digitais, que prometiam facilitar a vida das pessoas e reduzir o número de cidadãos desbancarizados, por meio do uso do digital. Para fazerem parte da vida dos brasileiros, também eles estiveram presentes nos campos de futebol.

Agora, vivemos a fase das *bets*, que enfrentam desafios controversos em relação à regulamentação, enquanto se tornam tão populares quanto as figuras que carregam suas marcas. Aguardemos as cenas dos próximos capítulos — e veremos quais serão as estampas das camisas nas próximas temporadas.

INSIGHTS DO INSIDER

Seu fã, seu principal ativo

Rodrigo Vicentini
Head da NBA no Brasil

Fã, do que se trata

Será que a sua marca possui consumidores? Ou seriam eles clientes? Ou ainda *leads*?

Existe uma "iguaria" para as marcas, e não estamos falando de clientes ou de consumidores; estamos falando de fãs. Isso mesmo, fãs!

São poucas as marcas ou os produtos e serviços que de fato conseguem ter uma legião de fãs.

E aquelas que os têm devem de fato tratá-los como uma iguaria raríssima.

Quando pensamos no conceito de fã, o que quer dizer ser fã de uma liga esportiva?

O fã, sem a menor sombra de dúvida, não é um cliente. De maneira alguma. Também não é um consumidor comum. Um *lead*, nem pensar.

Quando falamos de fã, estamos nos referindo a uma relação profundamente enraizada, uma conexão para toda a vida e que envolve, principalmente, muito sentimento, muita paixão e, sem dúvida, em alguns momentos, emoções que podem ser explosivas também.

Mas por que nos tornamos fãs?

Já parou para pensar o real motivo pelo qual você é fã de uma liga esportiva?

Existem inúmeras explicações do porquê nos tornarmos apaixonados por uma liga.

Claro, é necessário que os valores dessa liga estejam alinhados com o que acreditamos, mas nos tornamos fãs, principalmente, porque queremos fazer parte das conversas, e também estar inseridos em comunidades. O fã tem um senso de comunidade muito forte.

Ao usarem a roupa de uma liga, as pessoas conseguem colocar para fora os valores que a liga representa e com os quais ela se identifica. Há muita história e atitude por trás de uma simples camisa. Camisa essa que você usa para ir a uma arena para torcer por seu time ou ainda para compor o seu look na balada. Ao uniformizar-se, as pessoas conseguem se impor, ser respeitadas, percebidas e também compreendidas.

Existe um lastro emocional nessa conexão, que as pessoas carregam desde pequenas. Aquela história de assistir a um esporte ou time específico com a família quando se é pequeno é fortíssima, e os fãs acabam levando para sempre essa conexão emocional com as ligas esportivas.

E quais são os benefícios de se ter fãs?

O fã é aquela pessoa que advoga em seu favor; que usa o uniforme da sua liga ou do seu time. O fã é aquela pessoa que compra sempre os seus produtos e, quando há um evento, ele é o primeiro da fila. O fã veste o uniforme da liga o tempo todo, seja naquele almoço de domingo ou na balada com os amigos. Sem contar que ele só fala da sua liga, que é a sua verdadeira paixão. Se tem alguém que entende muito da sua liga, sem a menor dúvida, esse é o fã.

É um excelente termômetro para testes e, principalmente, para acertos. Quando falamos de novos produtos, são os fãs os primeiros a serem lembrados e consultados.

O fã é altamente engajado com a sua causa, "é a propaganda mais barata" que existe da sua liga, lembrando que está *"always on"*, o tempo todo mergulhado no seu universo, e sempre falando bem em todos os cantos e ocasiões.

O fã também é a sua audiência; é quem assina seus serviços de streaming; é quem vai dormir tarde para ver o último segundo de um jogo, e ainda acorda feliz, mesmo que esteja com sono, por ter prestigiado algo épico. É quem está lá, o tempo todo, consumindo seu conteúdo, as histórias que a liga e seus atletas contam todos os dias.

Lá está o fã, sempre altamente engajado e promovendo conversas sobre o assunto. Sem contar que os fãs sempre protegem a liga dos haters, advogando 200% do tempo em seu favor.

O fã é um dos principais ativos de uma liga quando pensamos em oportunidades de patrocínio, sem a menor sombra de dúvida.

Que marca não quer se associar a uma liga com uma base de fãs gigantesca e, principalmente, engajada? São os novos consumidores desse potencial patrocinador que irão ajudar a reposicionar ou rejuvenescer a marca, dependendo da liga em questão. Ou seja, devido ao alto engajamento dos fãs e o potencial de consumo, existe uma oportunidade única para aumento e conversão em vendas, além de melhorar o posicionamento da marca e o relacionamento com o público-alvo.

O fã no centro da estratégia

Um dos segredos do sucesso das grandes ligas é colocar o fã no centro do seu negócio. É, de fato, construir um business que cresça ao redor dos seus milhões de fãs espalhados pelo mundo.

São milhares de produtos de *merchandising* criados todos os anos e com um único objetivo: oferecer isso aos fãs, para que levem a sua liga para casa.

São milhares de horas de transmissão ao vivo e de conteúdos produzidos com um único propósito: engajar ainda mais os fãs. Contar histórias incríveis que os levem à loucura.

E os eventos são pensados nos mínimos detalhes para atender às expectativas dos milhares de fãs que prestigiam jogos e eventos da liga.

Sempre é muito importante sentar-se na cadeira do fã e fazer inúmeras perguntas. Será que é isso mesmo que nossos fãs esperam? Será que nossos fãs gostariam desse produto? Se eu, como fã, tivesse essa oportunidade, quanto valeria esse produto? A proposta de valor tem de ser muito boa, de altíssimo valor percebido para os fãs, pois eles merecem.

Nunca podemos esquecer-nos do quanto exigentes os fãs podem ser. Eles sempre têm expectativas altíssimas em relação a qualquer iniciativa da liga, esperando não apenas que seja atendida, mas superada em grande medida. Isso faz com que o fã renove constantemente seus votos perante a liga e permaneça com ela aonde quer que vá.

PARA CURTIR E SABER MAIS

AIR: A história por trás do logo (2023)

O filme nos mostra a busca da Nike pelo novato no basquete Michael Jordan, e como, juntos, criaram uma parceria que revolucionou o mundo dos esportes, adicionando um novo capítulo à história dos patrocínios e à cultura contemporânea.

CAPÍTULO 5

Desenhando o Esquema Tático

"Red Bull te dá asas"...

Se você habitou o planeta Terra nos últimos vinte anos, provavelmente já ouviu essa frase — e talvez até a tenha lido com uma entonação bem específica, usada nos comerciais de televisão da marca. Em 2012, a Red Bull, quase literalmente, deu asas a um atleta fazendo com que, juntos, entrassem para história.

Conhecida por suas estratégias de marketing ousadas, a Red Bull patrocinou o paraquedista e base jumper austríaco Felix Baumgartner, que buscava realizar o salto em maior altitude de todos os tempos. Para isso, foi preciso desenvolver equipamentos especiais, como uma cápsula espacial que suportasse a proeza, protegesse o atleta e não interferisse na aerodinâmica do corpo de Baumgartner durante a queda. Foram também necessários treinamentos e o acompanhamento da saúde física e mental do atleta.

No dia 14 de outubro de 2012, Felix Baumgartner saltou, nada mais nada menos, do que da estratosfera, de uma altura de 39 mil metros, quebrando recordes e tornando-se o primeiro ser humano a romper a barreira do som em queda livre.

O projeto épico ficou conhecido como "Red Bull Stratos" e não só entrou para a história do paraquedismo, como também colaborou com a pesquisa e o desenvolvimento científico para práticas espaciais.

Isso rendeu à Red Bull uma exposição massiva, com milhões de espectadores assistindo ao evento ao vivo e, posteriormente, na internet. Afinal, a empresa financiou o evento e ainda o promoveu amplamente, transmitindo o salto ao vivo para uma audiência global via YouTube e outros canais de mídia. Eles também documentaram todo o processo em uma série de vídeos.

A Red Bull se associou a um feito espetacular e pioneiro, consolidando sua imagem como marca que apoia ação e aventura. Além disso, o conteúdo gerado a partir do evento continuou atraindo espectadores por um longo tempo. Essa parceria de patrocinar uma iniciativa científica demonstra como uma marca pode se destacar ao apoiar eventos extraordinários que cativam o público e geram ampla cobertura.

A maior atuação dessa marca, uma das mais admiradas e copiadas do mundo, é no apoio aos esportes. No entanto, se ajudar um atleta a fazer história não é razão suficiente para convencer você de que o patrocínio é uma relação da qual todos saem ganhando, a seguir, vou listar 21 razões que certamente deixarão isso mais claro.

> *"Queremos estender ainda mais os limites da humanidade. Tenho orgulho de ser a primeira pessoa a romper a barreira do som em queda livre. Mas sei que parte de toda essa experiência também ajudará para que os futuros trajes pressurizados para turistas espaciais e pilotos sejam mais seguros."*
>
> *— Felix Baumgartner*

21 RAZÕES PARA PATROCINAR

Razão 1: Transmissão de Valores Corporativos e Transferência de Prestígio

Você já ouviu falar de um refrigerante chamado Big Cola? Caso ele lhe seja estranho, pense por um instante: parece ser um refrigerante importante, de marca consolidada, ou uma marca de combate, de baixo custo?

Aposto que você escolheu a segunda opção.

E se eu lhe contar que a Big Cola patrocinou o F.C. Barcelona, essa informação melhora ou piora a imagem da marca?

Em 2011, o refrigerante, nascido no Peru mas com sede na Espanha, fez uma parceria com o gigante time espanhol e passou a estampar seus rótulos com as imagens de figuras como Andrés Iniesta e Lionel Messi. Tornou-se conhecido como "o refrigerante do Barça". Nada mal, não é mesmo?

"Dize-me com quem andas, e eu te direi quem és": esse é o poder do patrocínio para transferências de prestígio.

Já no âmbito da transmissão de valores corporativos, um bom exemplo é a Heineken, que apostou em patrocinar a Fórmula 1, uma modalidade esportiva bem pouco óbvia para uma cerveja, já que bebida alcoólica e direção são uma combinação não recomendável.

Hoje, a marca aparece na Fórmula 1 carregando a imagem da Heineken 0.0, sem teor alcoólico. Mas nem sempre foi assim. O objetivo da Heineken, quando iniciou essa relação de patrocínio na condição de bebida alcoólica, era justamente chamar a atenção da audiência para a importância da direção consciente.

A campanha, estrelada pelo tricampeão mundial de F1 Jackie Stewart, carregava, em letras garrafais, a frase: *When you drive, never drink.*

Razão 2: Alcance de Mercados e Segmentos Específicos

Qual seria uma boa estratégia para uma marca que deseje se relacionar com o público de uma cidade por qualquer motivo, seja para inaugurar uma planta produtiva, seja para se lançar nesse novo mercado?

Imagine que a referida cidade não tem um grande time de futebol, mas conta com um time de vôlei (ou de basquete, ou um torneio de futebol de salão), no qual jogam filhos e filhas, colegas e amigos dos moradores.

Os jogos são eventos nos quais as famílias se reúnem para torcer e com os quais se conectam com de maneira emocional, como parte de suas vidas. Uma excelente forma de se comunicar com esse público específico, e até mesmo conquistar sua confiança, é patrocinar essa equipe (ou torneio) local.

Grandes histórias se constroem com parcerias sólidas.

Razão 3: Incrementar Vendas

Nesse caso, o patrocinador tem como público-alvo a torcida ou os fãs do ativo patrocinado. Na medida em que determinada propriedade é capaz de entender quem são os seus fãs e mapear essa audiência, é possível fazer uma oferta personalizada, diretamente para ela.

Se o Atlético Mineiro, por exemplo, tiver uma base estruturada com os dados de seus torcedores fiéis, o patrocinador do Galo poderá usá-la para direcionar a comunicação e promover produtos ou serviços.

O torcedor poderia receber em seu e-mail ou celular:

"Ei, torcedor! Temos uma oferta especial para você, fã fiel do Galo: na compra de dois produtos, leve o terceiro grátis", ou "receba 10% de desconto", ou ainda, "inscreva-se agora e tenha a primeira mensalidade grátis".

É importante ressaltar que não basta saber quantos torcedores compõem a base de fãs do clube ou o número de seguidores nas redes sociais. É necessário contar com ferramentas e estratégias de CRM (Customer Relationship Management) que permitam mapear os perfis e as demandas de consumo desses fãs, visando gerar valor a partir dessas informações.

No entanto, esse é um gargalo enorme nas entidades esportivas do Brasil. Enquanto isso, quem segue capitalizando sobre os dados

dos clientes são varejistas mais tradicionais como farmácias, por exemplo, que pedem o CPF dos clientes a cada compra e conseguem mapear o público e cativá-lo, por meio de ofertas personalizadas.

Empresas como Itaú e Banco do Brasil promovem ativamente seus serviços financeiros — contas digitais, empréstimos e investimentos — por meio do patrocínio a circuitos de corridas de rua. Utilizando ferramentas de CRM e *analytics*, conseguem acompanhar o impacto do patrocínio no aumento do número de clientes e no tráfego em canais online. Isso ajuda a incrementar as vendas e a aumentar a retenção de clientes.

Agora, reflita: uma pessoa seria mais propensa a ceder seus dados a um comércio qualquer ou ao seu time do coração? Eis a oportunidade, tanto para ativos esportivos quanto para patrocinadores.

Razão 4: *Networking* ou *Hospitality*

Em alguns modelos de patrocínio, como a Copa do Mundo ou festivais de música, o patrocinador tem direito a alguns benefícios que incluem camarotes, pistas VIP e acesso a experiências que não estão disponíveis para o público geral.

É uma oportunidade única para o patrocinador incrementar a relação com seus *stakeholders*. Onde é mais interessante encontrar-se com um *prospect* para conquistá-lo: em um restaurante fino para um almoço de negócios convencional ou em um camarote da Fórmula 1, no Autódromo de Interlagos?

Razão 5: Experimentação do Produto (*Sampling*)

No supermercado, é comum nos depararmos com promotores de marcas oferecendo produtos para degustação. Em muitos casos, você nem pensaria em comprar o produto, mas, quando tem a oportunidade experimentá-lo, se gostar, você acaba adquirindo-o. Nesta relação de patrocínio, é o mesmo caso. A diferença é que terá a oportunidade de atingir um público muito maior.

O Lollapalooza 2023 bateu recorde de público, com mais de 300 mil ingressos vendidos, chegando a 103 mil pessoas, simultaneamente, prestigiando os shows no Autódromo de Interlagos. Durante os três dias de festival, a Budweiser disponibilizou para degustação a Bud Zero, versão não alcoólica da cerveja.

O patrocínio é uma porta aberta para explorar novos horizontes e conquistar fãs.

Razão 6: Obtenção de Vantagem Competitiva

Em 2012, a Ponte Preta anunciou um acordo de patrocínio com a empresa japonesa Hitachi, conglomerado que tem negócios no segmento de ferramentas elétricas e também trens de alta velocidade. Do lado do clube, que na época avaliava a construção de uma nova arena, existia a grande expectativa de que a Hitachi também pudesse ser fornecedora da obra com suas soluções. Além disso, discutia-se no governo um leilão que faria a concessão de uma ferrovia que ligaria Campinas ao Rio de Janeiro.

Cientes da importância estratégica da potencial concessão para os negócios da empresa, a Hitachi optou por patrocinar o clube de Campinas antecipadamente, com vistas a tornar-se uma marca mais conhecida pelo público da região, aproximar-se dos líderes locais e, assim, obter uma vantagem competitiva, além de uma oferta financeira condizente.

O edital do trem-bala não saiu, o projeto da nova arena foi postergado e o patrocínio acabou não sendo renovado.

Razão 7: Fidelização de Clientes

No Capítulo 1, falei a respeito do quinto P do marketing esportivo: a paixão. Quando uma marca consegue estabelecer uma relação com os fãs de um ativo esportivo, dificilmente essa torcida irá abandoná-la. Na medida em que a marca apoia seu time do coração, o prestígio por parte da torcida tende a ser recíproco.

Razão 8: Responsabilidade Social e Ambiental

A tendência global de mercado é que as organizações dediquem atenção aos compromissos de ESG, sigla em inglês para sustentabilidade ambiental, social e de governança corporativa (Environmental, Social and Governance).

Os *millennials* e, sobretudo, a geração Z se preocupam em consumir e associar-se a marcas cujas histórias envolvam a conservação ambiental e a sustentabilidade, não o consumo predatório. O surfe é um caminho para as marcas contarem suas histórias.

O patrocínio da cerveja Corona para a World Surf League (WSL) parece fazer sentido, tendo em vista o esforço de associar a imagem da marca ao *lifestyle* jovem e descolado do surfe. No entanto, mais do que isso, é uma experiência de patrocínio esportivo bem-sucedida, pois combina a paixão e o espírito do surfe com os valores da marca, ligados à sustentabilidade e à preservação da natureza, cuidados permanentes da liga.

Razão 9: Integração de Diversas Marcas

O contrato de patrocínio entre o Corinthians e a Neo Química prevê os *naming rights* do estádio, que, desde 2020, passou a chamar-se Neo Química Arena. No entanto, além dos *naming rights*, os setores são nomeados da seguinte maneira:

- Setor Norte Engov
- Setor Sul Doril
- Setor Leste Superior Neosaldina
- Setor Leste Inferior Epocler
- Setor Oeste Superior Benegrip
- Setor Oeste Inferior Buscopan

O objetivo do processo, chamado de *sector rights*, é nomear cada setor separadamente para incluir nomes de diferentes marcas através de uma somatória de esforços e apresentá-las como parte de um mesmo conglomerado.

Sector rights é a possibilidade de associar diferentes marcas aos vários setores de uma arena esportiva. Na Arena MRV, casa do Atlético Mineiro, os *sector rights* foram vendidos separadamente dos *naming rights*, e inclui os setores Brahma e ArcelorMittal. Já o Estádio Couto Pereira, do Coritiba, não tem *naming rights* na arena, mas abriga o setor Pro Tork, uma área mais confortável.

O Lollapalooza não abre a possibilidade de *naming rights* para o evento, mas o festival conta com patrocínios de *sector rights*. Em 2023, havia o Palco Budweiser, Palco Chevrolet, Palco Adidas e Palco Perry's by Johnnie Walker Blonde — este último, com o nome do whisky recém-lançado da marca.

Razão 10: Endomarketing

Cada vez mais, as empresas enfrentam o desafio da retenção de talentos. Hoje, sobretudo as gerações mais novas não costumam ficar apegadas a locais de trabalho; quando algo acontece de um jeito diferente daquele que desejam, elas simplesmente viram as costas e partem para o próximo desafio.

"Endomarketing" é o marketing feito para dentro das empresas. Um bom exemplo são aquelas que patrocinam corridas de rua e dão inscrições para que funcionários participem. Além de gerar integração entre eles, a empresa pode promover um ambiente voltado aos cuidados com a saúde, incluindo ofertas como fisioterapia e palestras sobre nutrição para aqueles que estejam interessados. Por meio da promoção da prática esportiva, cria-se um ecossistema voltado à saúde, dentro e fora da empresa.

Nesse caso, o patrocínio ajuda a marca a contar uma história mais interessante, além de aumentar o orgulho dos funcionários por trabalharem em uma empresa que apoia determinado time ou prática esportiva.

O patrocínio é a ponte para criar uma conexão significativa entre marcas e paixões.

Razão 11: Atração de Talentos e Recrutamento

É semelhante ao endomarketing, mas do ponto de vista externo. Quem está do lado de fora da empresa passa a vê-la com melhores olhos, o que a favorece na disputa pelos melhores talentos disponíveis no mercado.

Não é necessariamente oferecendo um salário maior que a empresa se torna mais atrativa. Ao patrocinar um atleta ou torneio de *e-sports*, por exemplo, o *employer branding* da organização acaba se tornando mais valioso entre os programadores, categoria profissional bastante disputada no mercado hoje.

Se um incremento de mil reais no salário não é motivo suficiente para escolher trabalhar em uma empresa, o fato de ela patrocinar competidores no Mundial de League of Legends, e talvez até permitir que os funcionários assistam a algumas partidas, pode torná-la muito mais interessante.

Razão 12: Geração de Conteúdo

Atualmente, todas as marcas são *publishers* e dependem de conteúdo interessante e quente para publicar nas suas páginas de redes sociais. Para uma equipe esportiva, há conteúdo de sobra para ser selecionado e postado. Mas se, por exemplo, uma empresa automobilística publicar apenas imagens de motores e acessórios, em algum momento esse conteúdo perderá o interesse da audiência.

Nada melhor do que apoiar uma causa ou patrocinar um ativo esportivo que forneça conteúdo para a marca desenvolver novas linhas editoriais em suas redes.

No dia 14 de outubro de 2023, um eclipse solar anular pôde ser visto em algumas regiões do Brasil. O diâmetro aparente da Lua, menor que o do Sol, bloqueava a maior parte da luz deste, fazendo com que se parecesse com um anel.

Naquele dia, o surfista Ítalo Ferreira, acompanhado do fotógrafo Marcelo Maragni, foi ao topo de uma montanha no Rio Grande do Norte à procura da fotografia perfeita. Depois de uma longa caminhada, encontraram o local ideal onde Ítalo poderia se posicionar, no horário do pôr do sol, para que Maragni registrasse o atleta e sua prancha sob o efeito do eclipse solar. O resultado é espetacular. Sob um arco de luz e um fundo amarelo, Ítalo está posicionado com a prancha debaixo do braço, de maneira que a sombra da prancha remete à capa de um super-herói.

A fotografia foi publicada no Instagram em uma colaboração entre Ítalo, a Red Bull e a Ford, patrocinadores do atleta, poucos dias depois, já somava um milhão de curtidas. O sucesso foi tamanho que as marcas e o atleta repetiram a publicação em *collab*, dessa vez com um vídeo do *making of* da foto, que conta com oito milhões de visualizações.

Grandes marcas se destacam apoiando o que os seus clientes amam.

Razão 13: Estreitar Relações com o Governo

O investimento público necessário para tornar a Arena Fonte Nova apta para sediar os jogos da Copa do Mundo de 2014, juntamente com o medo de que os recursos gastos nunca fossem recuperados, mesmo diante da impossibilidade de recusar uma oportunidade única como essa, seriam um fantasma que assombraria a Bahia.

Em 2013, o Grupo Petrópolis inaugurou a primeira fábrica da cerveja Itaipava do Nordeste, em Alagoinhas, a 120km da capital do estado, Salvador. A planta industrial geraria empregos e beneficiaria muito a região, mas era um projeto custoso.

Para estreitar as relações com a comunidade local, o Grupo Petrópolis passou a apoiar o governo no que ele mais precisava: recursos para a reforma do estádio que receberia a Copa do Mundo. O contrato de 100 milhões de reais concedeu os *naming rights* ao grupo, e o estádio passaria a se chamar Itaipava Arena Fonte Nova.

Razão 14: Ampliar Conhecimento sobre a Base de Clientes

Como disse anteriormente, uma pessoa é mais propensa a compartilhar os próprios dados com o seu time do coração do que com a farmácia do bairro, mas hoje, o que ocorre comumente é justamente o contrário.

Como propriedade esportiva, é preciso ser capaz de mapear os dados dos fãs para capitalizar sobre isso. Afinal, vivemos na era dos dados, e eles têm um valor enorme tanto para a entidade esportiva quanto para o patrocinador. Isso inclui ofertas, conforme mencionado, mas também a possibilidade de elaborar estratégias de comunicação mais assertivas.

Razão 15: Integração com *Stakeholders*

Stakeholders são todas as partes interessadas no sucesso de um negócio. Além dos benefícios proporcionados pela oportunidade de *networking* e *hospitality*, já mencionados, as contrapartidas de um patrocínio podem ser utilizadas para propiciar um ambiente de convívio contínuo entre a marca, seus clientes, fornecedores, colegas e funcionários.

No fim das contas, as decisões são tomadas em nível corporativo, mas sempre por pessoas. Assim, quando essas pessoas se conhecem, especialmente em um ambiente positivo e diferenciado, tendem a minimizar conflitos e resolver problemas com mais facilidade.

Razão 16: Pesquisa e Desenvolvimento

Um exemplo é o investimento da Red Bull em pesquisa aeroespacial para viabilizar o salto do paraquedista desde a estratosfera.

Outro caso é a própria Petrobras, que patrocinou a equipe Williams de Fórmula 1 com um contrato de parceria tecnológica. O objetivo era explorar possibilidades de avanço e desenvolvimento de produtos energeticamente mais eficientes por meio da competição.

Razão 17: Obtenção de Benefícios Fiscais

A captação de recursos por meio da Lei Rouanet, e de outras leis de incentivo fiscal no Brasil, permite que empresas e indivíduos destinem parte dos impostos devidos a projetos culturais, esportivos, sociais e ambientais.

Em primeiro lugar, um proponente (que pode ser uma pessoa física, uma organização não governamental ou uma empresa) elabora um projeto que esteja de acordo com as diretrizes estabelecidas pela lei de incentivo. O projeto é submetido a um órgão responsável — como o Ministério da Cultura (no caso da Lei Rouanet) ou outro órgão competente (para outras leis). Se aprovado, o projeto recebe um certificado que atesta sua aptidão para fazer a captação dos recursos.

Com o certificado em mãos, o proponente busca o patrocínio de empresas ou pessoas físicas que desejem investir no projeto. Os patrocinadores destinam parte do imposto de renda devido ao projeto escolhido. Isso significa que eles não pagam ao governo o valor correspondente a esses impostos, porque o redirecionam para o projeto apoiado. Este, em última instância, resultará em uma obra que será devolvida à sociedade, seja um espetáculo de arte, um evento esportivo, ou outros.

Com os recursos captados, o proponente realiza o projeto de acordo com o planejamento original. Isso pode envolver, por exemplo, a produção de um espetáculo, a restauração de patrimônio cultural, ou a realização de um evento esportivo. Após a conclusão do projeto, o proponente deve prestar contas ao órgão responsável e aos patrocinadores, além de comprovar que o projeto foi executado conforme o planejamento.

Razão 18: Mecenato

O mecenato é um sistema de patrocínio ou financiamento de atividades culturais, artísticas ou esportivas, na qual principalmente indivíduos oferecem apoio financeiro ou com outros recursos a, por exemplo, artistas, escritores, cientistas ou atletas.

O termo tem origem na Roma Antiga, onde o mecenas era conhecido por apoiar poetas, escritores e outros artistas. O interesse, nesse caso, não consiste em obter uma contrapartida financeira, mas em estar atrelado à realização do feito patrocinado.

Antes do advento das SAFs (Sociedades Anônimas do Futebol), era comum encontrar no futebol brasileiro patronos que investiam recursos em seus clubes do coração e, com isso, obtinham reconhecimento e poder de interferência em decisões estratégicas, mesmo sem fazer parte da diretoria.

Razão 19: Afinidade da Diretoria com Propriedades Patrocinadas

Se o C-level ou o dono da empresa gostar de um determinado esporte, clube ou atleta, será muito mais fácil que ele compre um patrocínio desse ativo esportivo do que de qualquer outro, no intuito de apoiá-lo.

Razão 20: *Money Can't Buy Experiences*

Há coisas que o dinheiro não compra, como diz uma das empresas patrocinadoras da CBF. E ela está certa. No dia 9 de junho de 2019, a Mastercard levou dois meninos internados no Hospital de Amor, em Barretos, São Paulo, para entrar em campo com os atletas da Seleção Brasileira por meio de robôs. Enquanto os garotos estavam em suas camas no hospital, os robôs carregavam uma tela que os exibia, no campo, em tempo real. Dessa forma, eles podiam conversar e interagir com os jogadores, assim como ouvir as manifestações do público que, naquele dia, havia ido assistir ao amistoso entre Brasil e Honduras, em Porto Alegre.

A ativação da marca, chamada Impossible Mascots, emocionou o público e proporcionou aos garotos uma experiência única, que jamais poderia ter sido comprada, a não ser mediante a entrega de patrocinadores.

Razão 21: Exposição de Marca

Esta razão encerra o capítulo não por ser a menos importante, mas por ser a mais óbvia. Antes de escolher investir em um patrocínio esportivo para dar mais visibilidade à sua marca, ou antes de sair ao mercado em busca de patrocínio, lembre-se de que existem no mínimo outras vinte razões para justificar essa parceria.

Além de expor a marca, pense *quais* são *as histórias* que vocês querem contar, juntos, enquanto essa marca for exposta.

Os melhores patrocínios transcendem a exposição de marca e se tornam histórias que perduram.

PARA CURTIR E SABER MAIS

A bola não entra por acaso (2013)

Livro de Ferran Soriano, que transformou o Barcelona em um dos mais festejados e promissores clubes espanhóis. Em sua gestão, ele profissionalizou o clube, refez a estrutura de negócio e hoje é certo afirmar que o Barcelona é uma empresa em ascensão.

CAPÍTULO 6

Um Dueto Bem Afinado

Em 1992, a empresa italiana de laticínios Parmalat firmou um contrato de patrocínio com o Palmeiras, um dos clubes de futebol mais populares de São Paulo, mas que vinha de uma década sem títulos que perturbava a paz dos torcedores.

A parceria entre o clube e a marca incluía o financiamento de contratações de jogadores de alto nível, o que levou o Palmeiras a um sucesso quase instantâneo. Em 1993, viria o primeiro título, abrindo as portas para outros vinte e três que o clube conquistaria ao redor do mundo com o apoio da Parmalat.

A Parmalat era uma empresa italiana, e o Brasil era um mercado estratégico para ela. O patrocínio ao Palmeiras proporcionava à empresa uma plataforma para expandir sua presença e aumentar a conscientização sobre seus produtos no mercado brasileiro.

À primeira vista, a parceria foi extremamente bem-sucedida para ambos os lados. Você, leitor, provavelmente se lembrará da marca Parmalat até hoje, ainda que ela tenha entrado em recuperação judicial em 2005 e encerrado suas operações rodeada de polêmicas. Afinal, até mesmo a geração Z foi influenciada, ainda pequenininha, pelos bichinhos de pelúcia fofos, que eram parte da identidade da marca e um brinde extremamente querido pelos brasileiros.

No entanto, ao término do contrato com o Palmeiras, no fim do ano 2000, surgiu a polêmica quando foi revelado que o clube estava com graves problemas financeiros e dependia completamente do patrocínio da Parmalat. A marca, por sua vez, também estava em maus lençóis. A operação da empresa italiana igualmente passava por problemas financeiros, e enfrentava questões judiciais que, posteriormente, viriam à tona, não havendo mais recursos para sustentar o clube.

O contrato de patrocínio com a Parmalat, que havia sido altamente vantajoso para o Palmeiras, começou a ser alvo de críticas. Quando foi rescindido, o clube ficou com uma dívida considerável. Por causa disso, muitos jogadores de alto nível saíram e o Palmeiras enfrentou dificuldades para se recuperar.

Pode parecer estranho abrir este capítulo usando um exemplo tão malsucedido, quando meu objetivo é justamente mostrar como contratos de patrocínio podem ser favoráveis para ambas as partes envolvidas. A questão é justamente esta: *podem ser* favoráveis.

Para que a associação gere resultados positivos, é necessário que as metas e as cláusulas contratuais estejam bem delimitadas, garantindo assim o *fit* entre ambos. Ou seja, é preciso que haja um relacionamento saudável (como em tudo na vida), e que não se trate de um caso de codependência, como ocorreu entre o Palmeiras e a Parmalat.

Para o patrocinador, é muito ruim arcar com a totalidade das necessidades do clube e, no final do contrato, vê-lo em ruínas, como aconteceu nesse caso. Para o clube, também não é interessante contar com o patrocínio como a única estratégia para se reerguer financeiramente e, no final do contrato, não ser capaz de lidar com as consequências.

Como todos sabem, relações um dia podem acabar, mas é desejável que elas acabem bem. Por isso, meu objetivo neste capítulo é ajudá-lo a entender como a relação entre patrocinado e patrocinador precisa começar bem alinhada e ser clara. As marcas precisam, desde o início, cantar em uníssono. Dessa forma, caso a relação acabe, a experiência será lembrada como algo positivo, e não como um trauma.

OS RISCOS DE QUEM VENDE E DE QUEM COMPRA

Em qualquer transação financeira, existem riscos tanto para o *buy side* (quem compra) como para o *sell side* (quem vende). Por exemplo, existem os riscos reputacionais. Se o *buy side* estiver envolvido em atividades controversas ou ilegais, isso pode manchar a reputação do *sell side* por associação.

Outra questão importante é o risco de dependência. Se o *sell side* estiver excessivamente dependente de um cliente, o término do contrato poderá ter um impacto significativo nos negócios (como aconteceu na história que abre este capítulo).

Para o *buy side*, os riscos são semelhantes. Os resultados das entregas feitas pelo ativo patrocinado podem não ser tão satisfatórios como se esperava no momento da assinatura do contrato (no Capítulo 9, falarei sobre métricas e indicadores para avaliar o sucesso de um patrocínio).

No futebol, por exemplo, alguns jogadores tinham o hábito de tirarem a camisa para comemorar os gols. Com isso, a marca patrocinadora do clube, que havia investido uma bela grana para estar ali presente naquelas camisas, acabava ficando escondida no momento do *take* mais importante do jogo. Hoje, esse tipo de comemoração não é mais permitido, o que assegura ao patrocinador uma entrega muito melhor.

Nas competições da WSL, os atletas colocam os óculos e o boné assim que saem do mar — isso é entrega para o patrocinador, expondo a marca deles com clareza e solidez. Quando vão dar entrevistas, logo após as competições, os surfistas expõem sua prancha, na qual estão as marcas que os patrocinam. Ou seja, é preciso educar os atletas para que façam as entregas do patrocinador e para que protejam as marcas que os acompanham.

Em junho de 2021, durante uma coletiva de imprensa antes do jogo entre Portugal e Hungria na Euro 2020 — disputada naquele ano — Cristiano Ronaldo se sentou diante de um painel de publicidade que exibia garrafas de Coca-Cola, marca patrocinadora da UEFA. Ao seu lado, havia duas garrafas do refrigerante. Quando Ronaldo se sentou, ele moveu as garrafas para fora de seu campo de visão — e do alcance das câmeras —, pegou uma garrafa de água e, com a cara consternada, disse, em português: "Água!", levantando a garrafa transparente.

A ação do jogador foi vista como uma recusa pública em promover bebidas açucaradas, como a Coca-Cola, e um gesto no sentido de promover um estilo de vida mais saudável. A reação ao gesto foi imediata e gerou muita discussão nas redes sociais e na mídia. Alguns elogiaram a atitude de Ronaldo como um exemplo positivo de responsabilidade por parte de uma celebridade em relação à saúde, enquanto outros criticaram o gesto por considerá-lo desrespeitoso.

Ronaldo é sabidamente um atleta que se preocupa bastante com a saúde e com o desempenho físico, então a escolha por água em vez de refrigerante até faria sentido para ele. Mas aquele não era o momento. A Coca-Cola era uma das patrocinadoras da UEFA e tinha uma presença significativa durante o torneio. A marca precisava ser respeitada por quem estivesse falando em nome da UEFA.

Posteriormente, as duas partes minimizaram a situação. Em entrevista a um jornal britânico, um porta-voz da marca afirmou que todo o mundo tem direito a escolher o que deseja beber. A UEFA, por sua vez, teceu elogios públicos à patrocinadora e aproveitou a ocasião para afirmar que a marca inclui muitos outros produtos em seu portfólio, inclusive água e isotônicos, que são benéficos para os atletas.

O patrocinador também precisa se certificar com o *sell side* de que não haverá conflitos de interesse nas relações com outras marcas. Se um ativo esportivo for patrocinado pela Pepsi, por exemplo, ele precisa se assegurar de nunca aparecer relacionado à Coca-Cola enquanto o patrocínio estiver vigente.

E há ainda o custo reputacional. Com frequência, os nomes de alguns atletas surgem envolvidos em polêmicas de grande repercussão. Nesses casos, é comum que os usuários pressionem as marcas patrocinadoras nas redes sociais, até mesmo subindo *tags* do tipo "Marca X apoia [insira aqui o seu erro favorito]". O objetivo do público é que as marcas rompam o contrato com esses atletas, para que eles "sintam no bolso", como forma de punição.

Casos como esses são bastante sensíveis. Primeiro, o patrocinador precisa avaliar qual é o impacto na relação de patrocínio não apenas naquele momento, mas também no longo prazo. Muitas vezes, as polêmicas são esquecidas em poucos dias, e não vale a pena interromper um contrato por pressão pontual.

No entanto, há valores que são inegociáveis. Caso as ações do ativo esportivo estejam em desacordo com os valores da empresa, a interrupção do contrato pode, de fato, ser a melhor decisão.

Existem, ainda, as questões contratuais. O contrato é respaldado por proteções financeiras e jurídicas para ambas as partes, e é preciso certificar-se das consequências que a decisão de interrompê-lo trará.

Por isso é importante que o *fit* entre a marca e o ativo patrocinado seja bem avaliado *antes* da assinatura do contrato. É importante ressaltar que a identificação, avaliação e mitigação de riscos são parte fundamental de qualquer relação de patrocínio. Isso pode ser alcançado por meio de uma cuidadosa análise dos três DNAs — que veremos a seguir —, da negociação dos contratos, da *due diligence*, do monitoramento constante e da comunicação eficaz entre as partes. Além disso, a transparência e a compreensão mútua dos objetivos e expectativas são essenciais para o sucesso de qualquer relação de patrocínio.

> *"Não peça dinheiro aos seus patrocinadores.*
> *Antes, tente descobrir o que eles querem."*
> *Matt Prior*

O MODELO DOS TRÊS DNAS

O patrocínio difere da compra de publicidade e do uso de mídia tradicional porque consiste na relação mais íntima entre duas marcas, que solucionam mutuamente um problema e passam a contar uma história juntas.

Tendo isso em vista, obviamente, antes de contratar um patrocínio esportivo, é preciso analisar o alinhamento entre estes três elementos:

Esporte **Agentes organizacionais** **Personalidades/ Celebridades** **Slogans** **Propostas** **Logotipos**	→	Produto/Marca patrocinadora	→	Público

Ação necessária para que haja *fit* na relação de patrocínio. A WSL, por exemplo, enfrentava o desafio da estigmatização do surfe como esporte. Em décadas anteriores, o surfe era visto como uma prática de contracultura, ligado à "boa vida" e a um *lifestyle* que era, inclusive, marginalizado.

Com o aumento da abrangência do surfe como esporte profissional, o fortalecimento da liga e o bom desempenho dos atletas, essa história foi sendo reescrita — e ficaria mais fácil chegar às marcas, supostamente.

Digo "supostamente" porque, certa vez, entrei em contato com uma grande marca, acreditando que haveria bom *fit* entre ela e a WSL sendo, portanto, uma boa oportunidade de patrocínio. Quando a CMO me atendeu, sua resposta foi: "Ivan, a nossa marca é de moda, não faz sentido estar associada ao surfe dessa forma, porque ela está ligada à tranquilidade, ao sossego, e não à pressão e à alta performance que fazem parte de uma competição".

Ora, poucas décadas atrás, o desafio do surfe era justamente o fato de ser visto como um esporte de quem queria tranquilidade; agora, estava sendo recusado por, talvez, envolver "pressão demais". Mas aquela conversa entre nós viria a ser frutífera. Em vista da longa história e do estilo de vida ligado ao surfe, a CMO da marca e eu conseguimos, juntos, encontrar um caminho para que a associação entre eles e a WSL passasse justamente por estar atrelada ao *lifestyle*, aos interesses dos fãs não necessariamente praticantes do surfe, e à ideia de estar na praia e tudo que o surfe representa. No fim, fechamos o contrato.

Outras marcas, por outro lado, fazem questão de associar-se ao esporte profissional graças à mensagem de alta performance transmitida por ele. Para outras, a responsabilidade e o impacto social são relevantes.

As iniciativas ESG representam uma abordagem de gestão concentrada em três fatores essenciais: Ambientais (Environmental), Sociais (Social) e de Governança (Governance). Esses pilares são usados para avaliar o impacto de uma organização nas três esferas.

Ambiental (Environmental - E): esta dimensão foca nas práticas e políticas relacionadas ao meio ambiente. Isso inclui a gestão de recursos naturais, a redução das emissões de carbono, o uso sustentável da terra, a eficiência energética, a gestão de resíduos, a conservação da biodiversidade e outras questões. As empresas que adotam práticas ambientalmente responsáveis buscam minimizar seu impacto negativo no ambiente e, idealmente, contribuir para a proteção e preservação dos recursos naturais.

Sociais (Social - S): esta dimensão trata das práticas sociais e do impacto que uma organização tem na sociedade. Inclui questões como responsabilidade social corporativa, diversidade e inclusão, relações trabalhistas justas, segurança no local de trabalho, bem-estar dos funcionários, desenvolvimento da comunidade e outros aspectos que afetam as pessoas e a sociedade em geral.

Governança (Governance - G): a dimensão de governança refere-se às práticas e estruturas de liderança e controle dentro de uma organização. Isso inclui a composição do conselho de administração, transparência, ética nos negócios, prestação de contas, remuneração de executivos, integridade corporativa e o cumprimento das leis e regulamentos. Uma boa governança é fundamental para garantir que uma organização seja administrada de maneira justa, transparente e ética.

Tudo isso interfere na reputação e no valor da marca. Afinal, consumidores e investidores estão cada vez mais conscientes das questões ESG e preferem apoiar empresas alinhadas com esses valores.

Ter isso em mente ajuda na hora de buscar patrocínios e de encontrar um caminho para que os valores do ativo esportivo estejam alinhados aos valores do potencial patrocinador, de modo que se encontre o *fit* entre eles.

> *O sucesso de uma parceria de patrocínio reside na harmonia de propósito e valores entre o patrocinador e o patrocinado, garantindo que ambos sigam na mesma direção em busca de conquistas excepcionais.*

No Capítulo 5, abordei as vinte e uma razões para patrocinar. É preciso identificar, dentre essas razões, o que move uma marca a patrocinar um ativo esportivo ou de entretenimento e, então sim, a partir daí, escolher a melhor forma de patrocínio para esse caso específico.

Será que faz sentido que uma marca como a Red Bull patrocine o Lollapalooza com o objetivo de reiterar seu posicionamento com o público jovem, e também que faça *sampling* de um novo sabor de bebida energética sendo lançado no mercado para uma audiência enorme? Com certeza. Agora, e se a Red Bull patrocinasse um jogador de futebol de base com esse mesmo objetivo? Faria sentido?

Obviamente, a marca poderia patrocinar o atleta e, juntos, criarem uma associação benéfica para ambos. Isso seria vantajoso se a marca quisesse, por exemplo, estreitar relações com uma cidade ou até mesmo formar a base para o seu time de futebol, ou seja, seriam objetivos diferentes daquele de ofertar amostras a um grande público.

Lembre-se de que um médico nunca irá receitar um remédio sem antes ter feito um diagnóstico completo, ou seja, antes de ter identificado a doença daquele paciente. Caso contrário, se receitar o remédio errado, poderá até piorar a situação ou matar o paciente. No caso do patrocínio, é semelhante. É preciso identificar as necessidades do cliente para oferecer a melhor solução.

Nas grandes corporações, ainda que cada vez mais as escolhas pelo projeto A ou B sejam tomadas em forma de colegiado, com participação de muitas pessoas, o responsável pelos contratos de patrocínio nas empresas, isto é, quem bate o martelo para dizer "sim" ou "não", costuma ser o Chief Marketing Officer (CMO), ou profissionais em posições equivalentes a esse cargo; já em empresas menores, os próprios sócios costumam assumir tal responsabilidade. E todas as decisões tomadas por essas figuras estão relacionadas às estratégias de negócios da organização.

Dificilmente a decisão do CMO de patrocinar um ativo esportivo ou de entretenimento será tomada apenas pelo simples desejo de patrocínio. Essa decisão estará relacionada a uma necessidade da marca, seja ela vender mais, alcançar novos públicos, rejuvenescer, fazer *rebranding*, e assim por diante. Com isso em vista, o CMO irá avaliar diferentes canais para o desenvolvimento de táticas para a comunicação, publicidade e propaganda, dentre eles:

- Plano de mídia
- TV aberta
- TV por assinatura
- Rádios
- Portais e sites
- Estratégia de *social media*
- Ações de relacionamento
- Relações públicas
- Patrocínio

Um ativo esportivo, cultural ou de entretenimento, que se propõe a vender um patrocínio, precisa estar ciente de que essa é apenas uma dentre várias possibilidades de escolha para o CMO. (No Capítulo 7, irei aprofundar-me no *go-to-market* e em como se preparar para ir a uma reunião de venda de patrocínio.)

Porém, antes de tudo, o ativo esportivo ou de entretenimento precisa ser relevante em algum nível. Não me refiro aqui ao fato de ter muita repercussão, de ser famoso ou grande — se fosse assim, não haveria patrocínio para atletas de base, por exemplo. Refiro-me à capacidade do ativo esportivo de colaborar com o patrocinador nesse caminho que trilharão juntos.

Por isso, antes de ir à reunião com o potencial patrocinador, o *sell side* precisa entender se o seu ativo:

- Atende a um objetivo — seja ele qual for.

Se o objetivo for ajudar o patrocinador a solucionar um problema, é preciso ter clareza sobre a forma como seu ativo esportivo poderá ajudá-lo nisso. Esteja ciente de que, muitas vezes, o patrocinador por si só não tem essa clareza; será preciso que o *sell side* lhe explique como essa parceria poderá gerar valor.

- É agradável ao consumidor.

O esporte envolve paixão. O ativo patrocinado precisa saber apresentar ao potencial patrocinador como é capaz de mobilizar essa paixão e transformá-la em resultados. Lembre-se de que esses resultados variam de acordo com os objetivos do *buy side* para aquele patrocínio.

- É notável ao consumidor.

Não importa se o seu ativo esportivo tem cinco mil ou vinte milhões de seguidores no Instagram. A história dele precisa ser interessante, e o *sell side* tem que saber usar essa narrativa a seu favor.

- É de natureza adaptável.

Algumas modalidades esportivas, e até mesmo alguns grandes atletas do passado, não têm flexibilidade para se ajustar a diferentes condições e aos novos tempos. Os valores, humanos e corporativos, mudaram, e é preciso falar a mesma língua do patrocinador para que, primeiro, a relação possa ser criada; posteriormente, para que ela seja saudável. Uma modalidade que não se adapta fica obsoleta e acaba esquecida, como é o caso da bocha.

- É original.

O seu ativo esportivo precisa ter algo único — talento, uma história interessante, o que for! Os CMOs recebem inúmeros e-mails por dia com propostas de reuniões para falar sobre patrocínio. Pense no que poderia fazer com que ele parasse para responder ao seu e-mail e prestasse atenção ao que você tem em mãos.

- É negociável.

Avalie até onde está disposto a ir para fechar o patrocínio. Se você "topa tudo por dinheiro", a parceria, que deveria ser uma espécie de simbiose, favorável para ambas as partes, poderá se tornar uma relação predatória.

Este último ponto é importante, pois aqui também vale o clássico "Diga-me com quem andas, e te direi quem és".

EXERCÍCIOS — ESTUDO DE AFINIDADE

O kok boru ("jogo de arremessar uma cabra decapitada"), também conhecido como buzkashi ou kokpar, é um "esporte" tradicional da Ásia Central, especialmente popular no Afeganistão. Os jogadores, divididos em duas equipes, montam a cavalo e competem para agarrar um cadáver de animal, normalmente uma cabra ou um boi, e levá-lo a uma área específica, equivalente ao gol do adversário.

Soccer tic tac toe é uma variação do jogo da velha (*tic tac toe*, em inglês) que envolve elementos do futebol. O tradicional tabuleiro de nove quadrados é posicionado em uma parede, e os jogadores precisam chutar a bola e acertar o respectivo quadrado no qual desejem colocar um O ou um X. O desafio, além de cuidar da estratégia para completar a própria linha e não permitir que o outro a complete, é acertar os chutes. Vence quem conseguir marcar primeiro os três pontos em linha horizontal, vertical ou diagonal.

Já a Balloon World Cup, ou Copa do Mundo de Balão, foi inspirada por uma série de vídeos que viralizaram na internet, com pessoas jogando com balões sem os deixar cair. Nela, os jogadores precisam... adivinhe? Sim, manter o balão no ar! O competidor pontua quando o seu oponente não consegue resgatar o balão e ele cai. O campeonato foi promovido pelo jogador de futebol Gerard Piqué e pelo *streamer* espanhol Ibai Llanos.

O futebike, por sua vez, é uma atividade que combina futebol e ciclismo. Montados em bicicletas, os jogadores se deslocam pelo campo, que pode ser indoor ou outdoor, e fazem manobras com a finalidade de pontuar, ou seja, fazer gols. As jogadas são feitas com a própria bike.

O Dragon Boat Racing é uma tradição que remonta a lendas e rituais chineses, mas hoje é praticado em muitos outros países do mundo. Trata-se de um esporte que envolve equipes remando em grandes barcos decorados com cabeças e caudas de dragão. Nas disputas, os atletas trabalham em equipe para mover o barco em um curso específico com a maior velocidade possível. O timoneiro é responsável por direcionar o barco e dar comandos aos remadores, enquanto o ritmista mantém o ritmo do remo, ajudando a sincronizar os movimentos da equipe.

Após conhecer essas modalidades esportivas incomuns no Brasil e pesquisar mais sobre elas (recomendo que busque vídeos no YouTube, para poder assistir a algumas competições — vale a muito a pena!), responda: que marcas poderiam patrocinar um evento esportivo de cada uma dessas modalidades e por quê?

Tente fugir de marcas de segmentos mais óbvios, como as esportivas, de apostas ou bebidas energéticas.

- Kok boru

- Soccer tic tac toe

- Balloon World Cup

- Futebike

- Dragon Boat Racing

O Grammy Awards é uma cerimônia anual que premia os profissionais da indústria fonográfica. Ele reconhece as realizações notáveis na música e homenageia artistas, compositores, produtores e profissionais do setor por sua excelência e contribuições. O nome "Grammy" é uma referência abreviada a "gramophone", um antigo dispositivo de reprodução de som cujo formato é replicado na estatueta do prêmio. Dentre os patrocinadores do Grammy está a Mastercard.

O Grand Slam of Show Jumping é uma série de competições de hipismo de alto nível envolvendo salto de obstáculos. É composto por quatro torneios *major*, muito prestigiados e tradicionais no mundo: Aachen, na Alemanha; Spruce Meadows, no Canadá; Genebra, na Suíça; e 's-Hertogenbosch, nos Países Baixos. É patrocinado pela marca Rolex.

O Nathan's Hot Dog Eating Contest é uma competição de comer cachorros-quentes que acontece anualmente no dia 4 de julho, Dia da Independência dos Estados Unidos, em Coney Island, no Brooklyn, Nova York. Os participantes, geralmente comedores competitivos profissionais, têm o desafio de consumir o maior número de cachorros-quentes em um período de tempo específico. Entre os patrocinadores da edição de 2023 do evento, estava a Netflix.

Agora, reflita e responda: na sua opinião, por que razão as marcas contrataram esses patrocínios?

- Mastercard e Grammy Awards

- Rolex e Grand Slam of Show Jumping

- Netflix e Nathan's Hot Dog Eating Contest

INSIGHTS DO INSIDER

A evolução do patrocínio no Brasil nos últimos dez anos

Fábio Wolff
Founder da Wolff Sports

Nesta última década, analisei as mais diversas propostas de patrocínio nos mercados esportivo e de entretenimento.

Posso afirmar que houve uma evolução do mercado de patrocínios no que tange à profissionalização, de modo que temos hoje um mercado mais alinhado com a tendência mundial. Assim, observamos planos comerciais embasados nos desejos e objetivos das empresas de estarem mais próximas de seus consumidores durante os eventos, buscando maior engajamento.

Há dez anos, os planos comerciais dos grandes *players* do entretenimento e do esporte eram, basicamente, focados na visibilidade da marca.

As contrapartidas dos planos tinham como objetivo a entrega mais eficiente da marca na arena e nos locais de eventos, bem como nas mídias para a sua promoção. Porém, havia pouca, ou quase nenhuma, ênfase na ativação.

Arriscaria afirmar que 90% ou mais estavam relacionados apenas à visibilidade.

A culpa não era dos promotores; pelo contrário, eles entregavam o que as empresas buscavam.

Com o passar do tempo e o avanço da tecnologia, juntamente com a mudança cultural das corporações, observou-se uma transformação lenta e constante. O que se verificou, então, foi a queda acentuada nos investimentos das empresas em mídia tradicional e um aumento drástico no mundo digital.

Em resumo, vender patrocínio ancorado em visibilidade já não se sustentava mais.

Os produtores de eventos e as entidades esportivas começaram a perceber esse fato devido à demanda do mercado por conversão de negócios e captação de *leads*, por meio dos investimentos em patrocínios.

Dessa maneira, verificou-se que diversos patrocínios, que costumavam ser renovados com a simples atualização do plano, não estavam mais ocorrendo. Diante da mudança, a indústria do patrocínio começou a escutar os desejos e as necessidades das empresas investidoras.

A partir desse momento, as contrapartidas tiveram que ser reavaliadas e revistas. A maioria dos planos de patrocínio passou a ser desenvolvida de forma *tailor-made*, ou seja, customizada para atender aos anseios das empresas.

Menor foco na visibilidade e maior atenção às ativações que gerassem engajamento se tornaram o objetivo a ser alcançado.

Os colaboradores das empresas adotaram uma postura mais criteriosa na avaliação das propostas de patrocínio, pois as suas cadeiras ficavam cada vez mais quentes quando um investimento em patrocínio não se mostrava produtivo para a empresa.

Um fator extremamente estressante para a indústria de patrocínio foi a pandemia. Com a proibição da realização de eventos presenciais, a indústria teve que se adaptar; ou seja, quem não estava preparado para a entrega de projetos no âmbito digital foi obrigado a reinventar-se e adaptar-se ao inusitado acontecimento.

Esse período foi importante para o desenvolvimento das ativações digitais. Incontáveis *lives* eram realizadas por artistas, atletas, ex-atletas, e todos aqueles que desejavam falar com seu público. Era preciso buscar monetização em um momento em que a indústria sofria danos profundos.

Muitos clubes de futebol, por exemplo, que não realizavam de forma adequada a entrega digital, tiveram que evoluir em um curto período para justificar a continuidade dos investimentos de seus patrocinadores.

No período que se seguiu à pandemia — *e até hoje* —, tem sido de fundamental importância para as indústrias do entretenimento e esportiva o fato de as pessoas estarem ávidas por eventos, após tanto tempo de reclusão.

Temos presenciado um número recorde de shows, bem como a presença de público nos estádios em níveis nunca antes vistos, resultando em uma das melhores médias de público da história.

A indústria do patrocínio soube evoluir ao longo do tempo, pois entendeu a necessidade de entregar proativamente planos customizados aos seus clientes.

É possível notar, por exemplo, nos grandes eventos, ativações cada vez mais elaboradas. O The Town, o Rock in Rio e a própria etapa Brasil da WSL (World Surf League) estão dando um show de como realizar eventos, sem dever nada para aqueles que ocorrem nos centros mais desenvolvidos.

Em virtude dessa excelência, diversos patrocínios têm sido renovados.

PARA CURTIR E SABER MAIS

Homens brancos não sabem enterrar (2023)

O filme aborda a rivalidade entre dois jogadores de basquete de Los Angeles. Aparentemente opostos e a quilômetros de distância um do outro, eles descobrem que têm mais em comum do que imaginavam ser possível.

PARTE 3
NOVOS CAMPOS DE JOGO

Concluiremos esta jornada explorando não apenas o passado e o presente, mas também direcionando nosso olhar para os novos campos de jogo que moldarão o cenário dos patrocínios nas indústrias do esporte e do entretenimento

CAPÍTULO 7

Partindo para o Ataque

No início de 2013, a Microsoft e a NFL (National Football League, dos Estados Unidos) anunciaram uma parceria inovadora que visava transformar a experiência do futebol americano, tanto para os jogadores quanto para os fãs.

Inicialmente, a parceria se concentrava em fornecer tablets Microsoft Surface para todas as equipes da NFL. Os dispositivos seriam usados pelos técnicos e por atletas reservas durante os jogos para analisar jogadas, estratégias e desempenho em tempo real.

A mudança representava uma transição importante para os novos tempos. Os métodos mais tradicionais — como o uso de pranchetas e fotografias — seriam substituídos por imagens de alta resolução, que poderiam ser reproduzidas quantas vezes fosse necessário.

Mas não foi bem assim. Durante os primeiros jogos em que os tablets Surface foram introduzidos, ocorreram alguns problemas técnicos, como dificuldades na transmissão de imagens e na interação com o software. Os contratempos levaram a críticas de jogadores, técnicos e até mesmo comentaristas.

Na disputa entre os New England Patriots e os Denver Broncos, um repórter da CBS flagrou os tablets falhando, registrou o momento e, além de exibir a cena na transmissão ao vivo, compartilhou a situação nas suas redes sociais.

A Microsoft viria posteriormente a público para justificar que as falhas não haviam ocorrido por problemas nos tablets, mas sim devido à má qualidade da conexão no estádio. No entanto, a resposta da empresa foi tardia, e os tablets Surface já haviam adquirido má reputação em todo o mundo.

Em 19 de dezembro de 2021, o tablet enfrentou outro contratempo, mas desta vez, ele foi a "vítima". Irritado após seu time ter sido derrotado pelos New Orleans Saints, Tom Brady, *quarterback* do Tampa Bay Buccaneers, jogou no chão o tablet da Microsoft. A *big tech* fez piada com o assunto nas redes sociais, mas o jogador foi advertido pela NFL por desrespeitar o produto do patrocinador dessa forma.

Apesar dos percalços, a parceria entre a Microsoft e a NFL permanece até hoje. Houve esforços significativos para resolver os problemas técnicos e, ao longo do tempo, os tablets Surface se tornaram uma ferramenta valiosa para as equipes da NFL.

"Quando a pandemia nos fez mudar o modo de vida, a Liga usou os dispositivos Surface e o Teams para ajudar na realização do primeiro *draft* virtual da NFL", afirma orgulhosamente a Microsoft em seu site. Além disso, a marca expandiu sua colaboração para incluir iniciativas que proporcionassem aos fãs uma experiência mais interativa. Uma parceria inicialmente desafiadora, que enfrentou obstáculos técnicos e críticas, evoluiu para se tornar um exemplo de patrocínio bem-sucedido no mundo dos esportes.

GO-TO- MARKET — É CHEGADA A HORA DE VENDER

Antes de você abordar o responsável pela marca para lhe propor um contrato de patrocínio para o seu ativo patrocinável, é imprescindível:

- Conhecer bem o ativo e o que o torna único

A propriedade será utilizada como meio para beneficiar o patrocinador. Por isso, é preciso que esteja muito claro de que forma ele poderá ajudar a resolver um problema do contratante e quais são os diferenciais dele — seja um talento excepcional, uma história única ou carisma.

- Ter fit definido pelo estudo de afinidade

No Capítulo 6, falei sobre como se assegurar de que a relação entre o ativo patrocinável e a marca "dê liga" para evitar situações complicadas, antes mesmo que o contrato seja efetivado.

- Prospectar

Uma vez identificadas as potenciais marcas patrocinadoras, é preciso atraí-las. Para isso, o *sell side* terá que entrar em contato com o CMO das marcas, normalmente por e-mail, e apresentar a oportunidade de patrocínio. Você precisa estar ciente do valor que o seu ativo patrocinável tem a oferecer. Contudo, se logo de cara conseguir identificar uma razão para que a marca o patrocine (lembre-se do Capítulo 5), e o potencial retorno sobre o investimento (ROI) — falarei mais sobre métricas de mensuração no Capítulo 9 — que este patrocínio poderá gerar, estará alguns passos à frente para conseguir agendar a reunião.

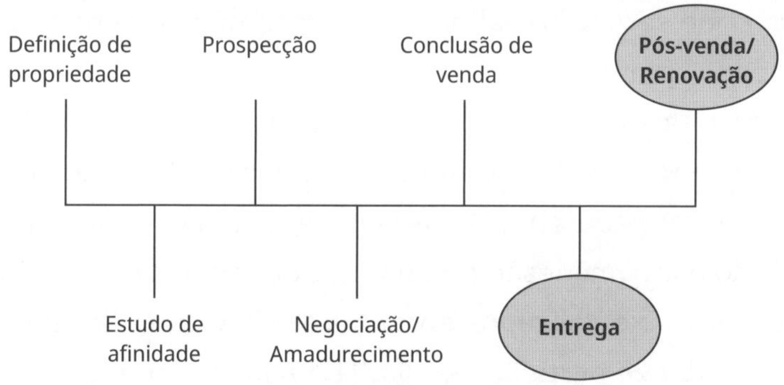

Ciclo de vendas do patrocínio
Fonte: Elaborada pelo autor.

TRÊS FATORES QUE INTERFEREM NA NEGOCIAÇÃO

1. Tempo

Se você quiser resolver tudo com pressa, não conseguirá negociar e provavelmente cederá ao primeiro "não" que ouvir. Ou não receberá proposta alguma. Alguns contratos de patrocínio levam tempo (frise bem a palavra *tempo*) para serem efetivados, pois o comprador quer se certificar de estar fazendo a escolha certa.

No livro *Isso você não aprende em Harvard*, o autor Mark H. McCormak conta sobre quando trabalhou na contratação do *running back* Herschel Walker para os New Jersey Generals.

Após dois anos de negociação, o treinador de Herschel enviou uma carta agradecendo a paciência. No mesmo dia, foi noticiado que Herschel havia sido contratado pela Liga Universitária.

Os representantes dos New Jersey Generals ficaram chateados, mas quando tiveram a oportunidade de conversar novamente com o treinador de Herschel Walker, disseram que ainda não haviam desistido de contratá-lo. Um ano depois, foi o que aconteceu.

2. Informação

Informação é poder, como dizem. Quando um dos lados da mesa está mais bem informado do que outro, ele saberá até onde pode barganhar. Um ativo pode ser muito valioso, mas, caso não perceba isso, acabará "se vendendo" por menos.

Em 2017, o Boston Celtics negociou a ida do jogador Isaiah Thomas para o Cleveland Cavaliers. O que os Cavaliers desconheciam era a real condição de saúde de Thomas. Na época da negociação, o jogador estava lidando com uma lesão no quadril que afetava seu desempenho.

A situação deixou os representantes do Cleveland Cavaliers inseguros. Apenas quinze partidas depois, Thomas foi vendido ao Los Angeles Lakers e logo precisou tirar uma licença para passar por uma cirurgia no quadril. O próprio atleta afirmou ter sido enganado em relação à gravidade da sua lesão.

3. Poder

Quem estiver com o poder de escolha em mãos certamente estará em vantagem na negociação. Por exemplo, há uma fila de marcas querendo patrocinar o *Big Brother Brasil* — não é à toa que as cotas de patrocínio superam os 100 milhões de reais. Neste caso, o poder está no *sell side* ou no *buy side*?

Agora, considere a venda do patrocínio do campeão brasileiro de barismo, para que ele possa disputar o World Barista Championship. Neste caso, o poder estará do lado da marca ou do ativo patrocinável?

EXERCÍCIO — ELEVATOR PITCH

Você representa o campeão brasileiro de barismo e tem buscado patrocínio para que ele dispute o World Barista Championship, na Tailândia. Entre os seus patrocinadores dos sonhos, está uma grande empresa. Então você entra em um elevador e lá está o CMO da Neodent Brasil, empresa líder em implantes dentários, parte do Straumann Group, da Suíça. A partir desse momento, você tem trinta segundos para convencê-lo a marcar uma reunião com você.

Grave um áudio de trinta segundos de duração com o que você diria a essa pessoa.

DE FRENTE COM O CLIENTE

Durante a reunião, será preciso saber negociar e lidar com as objeções. Porém, antes de tudo, é preciso criar conexão com o cliente. Busque a maior quantidade possível de informações sobre ele: de onde é, se gosta de viajar ou não, para que time torce, quais seus interesses e hobbies, se tem filhos ou não e se os filhos praticam algum esporte. Todas essas informações, muitas vezes, podem ser encontradas nas redes sociais. Obviamente, você não vai virar uma metralhadora de frases pré-prontas, mencionando cada um dos interesses do seu interlocutor — a não ser que queira assustá-lo parecendo um stalker. Use essas informações com sabedoria, de maneira estratégica, quando for conveniente.

Essa conexão é muito importante e abre novas possibilidades de diálogo durante a negociação. É vantajoso para os dois lados, já que você estará ali justamente para lhe oferecer também uma solução.

Mostre ao potencial patrocinador uma necessidade que talvez ele mesmo não tenha identificado e a importância de solucioná-la. E faça com que ele saiba que, se o seu ativo esportivo ou de entretenimento bombar, a concorrência desejará patrociná-lo, o que o deixará em maus lençóis.

No livro *Como chegar ao sim*, os autores Roger Fisher, William L. Ury e Bruce Patton descrevem o que eles chamam de "praga do vencedor" — ninguém gosta de perder quando há algo interessante em disputa. Ao demonstrar ao potencial patrocinador o quão vantajosa, atraente e, sobretudo, única é a sua proposta, você ajuda a despertar nele o desejo de "vencer", ou seja, de fechar esse contrato antes que outro o faça.

Outra estratégia importante é gerar no comprador a sensação de escassez. Essa sensação é uma experiência emocional que ocorre quando as pessoas percebem que não têm recursos suficientes para atender às suas necessidades ou desejos. Ela é influenciada pela percepção individual e afeta os seres humanos de várias maneiras, incluindo seu bem-estar emocional, tomada de decisão e interações sociais, devido à preocupação constante com a falta de recursos essenciais.

O córtex pré-frontal desempenha um papel crítico na tomada de decisões, no planejamento e no controle dos impulsos. Quando alguém enfrenta escassez, essa região do cérebro pode se tornar intensamente ativa à medida que tenta equilibrar suas necessidades imediatas com seus objetivos de longo prazo. A escassez pode levar a uma maior atividade no córtex pré-frontal, à medida que se tenta encontrar soluções para a falta de recursos.

A amígdala, por sua vez, faz parte do sistema límbico e está envolvida na resposta emocional. Quando a pessoa se sente em situação de escassez, ela pode tornar-se mais ativa, levando a sentimentos de ansiedade e estresse. Ou seja, essa sensação pode ser poderosa e moldar nosso comportamento e pensamento. Dependendo de como a negociação é conduzida, a tomada de decisão é muito mais emocional do que racional.

Por isso, ao falar em números, empregue recursos para ilustrá-los de modo que seu interlocutor compreenda a dimensão do que você está falando e isso desperte o interesse nele. Por exemplo, segundo os dados mais recentes do Ipec, 21% dos brasileiros apoiam o Flamengo, o clube com a maior torcida do país. O número isolado pode ser impressionante, mas não diz muita coisa. Agora, veja por este ângulo: a torcida do Flamengo é do tamanho da população da Argentina. Parece mais interessante, não?

Quando o assunto é patrocinar clubes ou atletas altamente polarizados, uma objeção comum é o receio de que a marca enfrente rejeição por parte da população ao se associar a esse ativo. Isto é, existe um temor de que os torcedores do Inter deixem de consumir a marca se ela patrocinar o Grêmio, por exemplo.

No entanto, uma pesquisa Ibope Repucom apontou que apenas 6% dos entrevistados afirmaram que possivelmente não comprariam de uma marca que patrocinasse o time adversário. Isso é muito ou pouco? Vamos pôr em perspectiva.

O Brasil tem cerca de 210 milhões de habitantes. Se 6% de toda a população brasileira deixasse de consumir a marca, ainda assim haveria mais de 197 milhões de habitantes dispostos a consumi-la. E o Inter tem aproximadamente 7,7 milhões de torcedores, o que representa 3,66% da população. Então, se a torcida do Inter inteira boicotasse uma determinada marca por patrocinar o Grêmio, ainda haveria mais de 202 milhões de brasileiros que não se importariam com isso.

Obviamente, esses números desconsideram fatores etários, socioeconômicos e perfis de consumo regionais, mas servem para ilustrar como a rejeição a uma marca devido aos patrocínios que ela opta por fazer não costuma gerar impacto nos resultados da organização. Quando usar números, em vez de transformá-los na parte chata da apresentação, faça com que eles ajudem você a contar sua história.

Fique atento à sua inteligência emocional e também à inteligência comunicacional. A reunião é um momento para ouvir, mais do que falar. Pratique a escuta ativa, demonstre interesse genuíno e faça todas as perguntas que julgar importantes para entender melhor as necessidades e considerações do outro. Assim, poderá identificar pontos-chave e adaptar sua abordagem de acordo.

Coloque-se no lugar do seu interlocutor. Compreender as necessidades, preocupações e objetivos da outra parte permite que você ajuste sua abordagem para criar soluções mais alinhadas. Lembre-se de que, em patrocínios, não existe uma solução em "tamanho único". As soluções são personalizadas — desde que façam sentido também para quem as está vendendo.

Na mesa de negociação, fique também atento à sua linguagem corporal para transmitir confiança e assertividade. Mantenha contato visual, adote uma postura aberta e use gestos que reforcem sua mensagem.

Quem tem inteligência emocional e comunicacional, normalmente, não se intimida diante do cliente e dos valores expostos sobre a mesa durante a negociação. Assim, torna-se mais fácil dar as cartas, em vez de apenas ser reativo.

Tente chegar ao que eu chamo de "zona de acordo": toda concessão do *sell side* deve estar atrelada a uma concessão do *buy side*. Se baixar o valor da cota de patrocínio, por exemplo, o comprador aumenta a duração do contrato ou flexibiliza as entregas exigidas.

Não persista no indefensável. Se o cliente não aceitar alguma de suas propostas e contra-argumentar demais, dê um passo atrás e avalie se realmente a proposta está fazendo sentido. Caso haja um único ponto de atrito na negociação, seja flexível, avance na conversa e adapte a questão com o comprador.

Por fim, não diga "sim" a tudo. Algumas vezes, o comprador terá tantas exigências que fará com que o seu ativo patrocinável fique refém dos desejos dele, inviabilizando a execução de uma trajetória positiva juntos. Lembre-se: reconheça o seu valor e não aceite qualquer coisa.

O patrocinado inteligente é aquele que:
Nunca esquece que os patrocinadores são os clientes.
Trata os atuais patrocinadores tão bem ou preferencialmente melhor que os prospects.
Mantém os patrocinadores informados sobre quaisquer mudanças ou notícias.
Entende, respeita e entrega o que está em contrato ou oferece alternativas melhores quando o que foi prometido deixa de ser possível.

EXERCÍCIO

Você representa o atleta Darlan Romani, campeão mundial no arremesso de peso indoor, em 2022. Darlan também conquistou o 4° lugar nos Jogos Olímpicos de 2020, 4° lugar no Mundial de Doha 2019 e é bicampeão pan-americano, em Lima 2019 e Santiago 2023.

Escreva um e-mail destinado ao VP de marketing da BRF (Brasil Foods), com a finalidade de agendar uma reunião para conversar sobre a possibilidade de patrocínio para o Darlan.

Antes, busque saber mais sobre o atleta e pesquise o que puder sobre o executivo. Então responda: por que ele receberia você?

INSIGHTS DO INSIDER

Leonardo Duarte
Vice-Presidente Comercial - DC Set Group

Minha experiência no mercado de entretenimento começou um pouco por acaso e de forma despretensiosa.

Meu primeiro contato profissional com o setor foi quando, através de um conhecido, consegui uma oportunidade como estagiário dentro de um dos mais importantes teatros de São Paulo, o então Teatro Abril (hoje Teatro Renault), berço das grandes produções originais da Broadway por aqui. Na verdade, o meu cargo tinha a denominação de "assistente de produção", o que incluía em seu escopo absolutamente tudo o que uma produção de teatro daquele porte precisasse: de organizar audições para a seleção de elenco a me responsabilizar pelo almoço de todos os envolvidos. Foram quase três anos de muito aprendizado, vivendo intensamente aquele universo que até então era completamente novo para mim.

Em resumo, esse primeiro contato me permitiu entender como de fato a roda gira em um grande evento ou espetáculo, seja ele teatral, musical etc. Comecei a prestar atenção no funcionamento da iluminação, na operação do bar, na produção técnica, nos artistas, no gerenciamento desse circo todo e, o que mais me chamou a atenção, no final desses meus três anos internado no subsolo do Teatro Abril, foi como se davam as parcerias comerciais. Como elas eram tão perseguidas e valorizadas nesse meio.

Após engraxar muito o sapato da "Fera" (piada que até hoje escuto do Ivan, remetendo ao trabalho nos bastidores do espetáculo *A Bela e a Fera*, da Disney, onde fazíamos de tudo um pouco), resolvi cair de cabeça na área comercial.

Depois de adquirir o mínimo de conhecimento ao longo dos anos trabalhando na operação do teatro e seus espetáculos, embarquei em um novo desafio: aprender do zero novamente uma outra função: a venda de patrocínio, dentro do mesmo segmento. Embora ainda na mesma empresa, a T4F (Time For Fun), agora estou 100% focado no ambiente corporativo.

Esse aprendizado não foi mais fácil do que o anterior. Pelo contrário, mesmo conhecendo o funcionamento da roda, como costumo dizer — algo que até hoje acho que contribui muito em minhas conversas e negociações com clientes externos ou internos —, entendi ali que havia poucos materiais de capacitação ou profissionalizantes disponíveis que pudessem me auxiliar naquele início.

Meu cargo então era de "gerente comercial júnior", denominação para quem estava começando na área como vendedor. Recebi a famosa carteira de clientes que ninguém queria, para gastar sola de sapato, como se diz no meio. Eram clientes não tão endêmicos com nossos conteúdos, normalmente tinham um *budget* pequeno e muitas vezes estavam localizados bem longe do centro comercial em que estávamos.

Eu contava muito com a ajuda de colegas que também eram vendedores de patrocínio. Eles, porém, tinham anos de experiência e eram muito mais adequados para o título de "executivos comerciais". Foi nesse período que tive a oportunidade de conhecer o Ivan, que também se aventurava por ali nessa função. Além deles, tive o privilégio e o desafio de aprender — e muito — com um dos personagens mais folclóricos no mercado, devido ao seu protagonismo: Fernando Altério, criador, sócio e chairman do board da Time For Fun (antiga Cie Brasil), com quem, até hoje, trabalho e aprendo diariamente.

A grande maioria dos cursos ou da literatura sobre o tema remetiam, no Brasil, à função mais generalista de um vendedor, sem abordar o setor do entretenimento, aparentemente novo ou não tão profissional por aqui na época, o que provavelmente era reflexo de pouca demanda e oferta por esses cursos. Já nos EUA, muito mais evoluído e maduro sobre o tema, havia muito material, mas em minhas pesquisas, a maioria eram sobre o mercado de cinema e audiovisual, efeito do sucesso do segmento por lá. Com isso, além dos poucos livros, materiais e cursos aos que tive acesso por aqui na época, restava aprender com a prática, ainda muito importante para quem quer se aventurar em nosso segmento de patrocínios, e com um pouco mais de estrutura hoje em dia.

Minha meta sempre foi observar atentamente o que era feito ao meu redor e, ao me sentar com potenciais clientes, busquei sempre ouvir mais do que falar. Isso se tornou um mantra para mim, que levo ao pé da letra, até hoje, nas minhas relações comerciais. Eu tinha um preconceito enorme com a comparação que poderiam fazer de mim com o famoso vendedor da velha guarda, apelidado de "vendedor de Barsa", em referência à enciclopédia. Nada contra esse trabalho, mas o comparativo pejorativo feito no mercado se dava pela não profundidade de conhecimento sobre aquilo que se estava vendendo ou sobre o interlocutor com o qual se estava negociando. Esse, para mim, é o pior erro dentro da área comercial, principalmente para nós, que concorremos com tantos players e produtos distintos no mercado.

Com o passar dos anos fui entendendo cada vez mais que a venda de patrocínio, função que exerço há mais de dezesseis anos, requer um refinamento muito grande quando comparada a outros produtos e meios no mercado. Isso porque, diferentemente de uma plataforma de mídia convencional, por exemplo, parte da nossa entrega é subjetiva, vinculada à estratégia de marca, lançamento de produto, reposicionamento etc. O desafio de justificar e competir com mídias convencionais — como espaços publicitários na TV, através de um ROI — é extremamente complexo. Apesar de hoje já termos várias métricas e formas que nos auxiliam nesse estudo de retorno e justificativa interna/defesa desses clientes, ainda é muito mais fácil um tomador de decisões (comprador) justificar seus investimentos através do formato convencional, sem sair da caixa. Esse é justamente o oposto do que o mercado precisa atualmente para se diferenciar.

Esse é um dos exemplos do porquê a venda de patrocínio, que concorre com um funil enorme de canais e produtos, como eventos proprietários, festas, eventos corporativos, mídia convencional (rádio, online, OOH, TV, impressa etc.), e outros patrocínios do mercado, é tão complexa. Hoje em dia, quase tudo isso pode se enquadrar como entretenimento, ou disputar os mesmos *targets* e atenção, o que deixa a disputa pelo budget de marketing e mídia das marcas ainda mais competitivo.

De forma muito resumida, o sucesso na venda de patrocínio, para mim, requer não apenas um bom produto que possa competir no mercado — premissa básica —, mas também investir muito em: estudo do mercado e *target*; construção e manutenção de relacionamentos; criação de uma proposta comercial bem estruturada e com alto valor de entrega; atenção às necessidades do outro lado; disciplina de prospecção e comunicação com o mercado. As vendas mais bem-sucedidas são aquelas em que você consegue adequar o seu produto às necessidades do cliente. Isso, obviamente, acontece porque o ouviu — e muito —, e não porque o convenceu de que seu produto é bom

Aquela lenda que diz que, nesta área, você ouvirá um SIM para cada cem NÃOs é a mais pura verdade. No entanto, com o passar do tempo e refinamento, passará a ouvir um número muito maior de SIMs versus um número menor de NÃOs. Isso porque o seu nível de conhecimento dos clientes e interlocutores aumenta quando é cultivado, o que, na prática, gera resultados maiores e melhores. Isso permite que você foque no aspecto qualitativo e não só no quantitativo, apesar de que nunca conseguirá se livrar deste último.

Isso tudo quer dizer que temos uma receita de bolo para conseguirmos efetuar boas vendas de patrocínios? Não. Devemos nos lembrar de que, apesar de estarmos negociando com grandes empresas, muitas vezes multinacionais, temos como interlocutores seres humanos, executivos de todos os cargos possíveis, de assistentes a CMOs e CEOs. Ao relacionar-se com pessoas, muitas vezes também é necessário ter conhecimentos sobre comportamento e até mesmo noções de psicologia. Por exemplo, o famoso livro *O corpo fala*, escrito por Pierre Weil e Roland Tompakow, assim como tantos outros sobre vendas e negociações, são leituras essenciais para quem pratica essa atividade.

As pessoas têm suas questões, metas, ambições, egos e expectativas. Mesmo que coloquemos tudo muito claro em uma negociação, no e-mail ou no contrato, esperam-se surpresas e às vezes frustrações, podendo ser estas do lado de cá ou de lá. Isso acontecerá inúmeras vezes.

Poderia listar aqui muitos casos excêntricos — se é que posso me expressar dessa forma — que já ouvi ou com os quais tive que lidar durante a minha jornada.

Já tivemos situações em que marcas propuseram que fizéssemos a barba do Bono Vox (vocalista da banda U2), bateristas de bandas de rock recusando associações com marcas de cosméticos por acharem que elas não tinham aderência, empresários de artistas jogando cadeiras na direção de nossa equipe por não terem gostado de alguma entrega comercial que realizamos para marcas e vocalistas de bandas ameaçando não subir ao palco se não apagássemos letreiros de marcas em ativações de *brand experience* durante grandes festivais, entre muitos outros episódios.

No meu caso, na empresa que trabalho, muitas vezes não temos controle da nossa matéria prima, ou seja, não vendemos apenas projetos criados 100% dentro de casa. Lidamos com licenças internacionais, artistas, espetáculos, e todos eles possuem suas regras e particularidades. Mesmo que não estejam redigidas claramente em Do's e Don'ts, muitas vezes temos que descobrir testando, trazendo oportunidades comerciais, após o árduo trabalho resumido acima, podendo essa venda — aquela uma de cem — receber uma negativa por parte do artista ou projeto, o que muitas vezes acontece.

Dito isso, e tendo dividido um pouco da minha experiência no segmento, considero um livro como este extremamente importante para a profissionalização do nosso mercado. Ele traz metodologia, *cases*, estratégias e exemplos, permitindo que os novos entrantes no setor e simpatizantes do tema possam nos ajudar a erguer ainda mais este mercado que cresce tanto, não só no mundo como no Brasil.

PARA CURTIR E SABER MAIS

Ford vs Ferrari (2019)

O filme retrata a competitividade e a evolução no mercado automobilístico, à medida que a empresa norte-americana desafia a hegemonia e a tradição da italiana.

CAPÍTULO 8

Ativações: Muito além da exposição de marca

Em uma ação de ativação de marca promovida pela Emirates Airlines, um grupo de comissárias de bordo da companhia entrou em campo antes de uma partida do Benfica. Enquanto o público assistia, curioso, as comissárias começaram a fazer os gestos característicos dos alertas de segurança que antecedem a decolagem. Os alto-falantes do estádio reproduziam o seguinte aviso:

> *Emirates dá-lhes boas-vindas a bordo do Estádio da Luz. O seu entusiasmo é muito importante para nós. Pedimos, por isso, a sua atenção para as instruções que se seguem.*
> *Neste estádio, existem trinta e duas portas, sessenta e cinco mil fãs e dois gols.*
> *Este jogo terá a duração de noventa minutos, com uma pausa de quinze minutos ao minuto quarenta e cinco.*
> *Estamos quase prontos para a entrada em campo da equipe do Benfica. Pedimos que coloquem toda a bagagem de mão aos seus pés e assegurem-se de que todos os aparelhos eletrônicos estão desligados, para que possa se concentrar em dar à sua equipe o apoio incondicional que ela merece.*

> *Chamamos agora a vossa atenção para as regras de utilização do cachecol. Coloque o cachecol sobre os ombros em sinal de "benfiquismo" e mantenha-o apertado durante todo o jogo. Em caso de gol, os cachecóis saltam automaticamente. Coloque-o sobre a cabeça e respire normalmente. Fãs acompanhados de crianças devem abraçá-las nessa hora.*
> *O jogo está prestes a começar. A Emirates agradece a vossa preferência e deseja a todos um bom jogo.*

Toda a narração foi acompanhada pelos gestos das comissárias, que, por fim, balançaram no ar os tradicionais cachecóis do Benfica e vibraram, junto com a torcida. Os sessenta e cinco mil torcedores presentes no Estádio da Luz naquele dia ficaram fascinados diante de uma apresentação tão bonita. A mensagem da Emirates, "Conectando os fãs do Benfica ao redor do mundo", estava clara. E o público, seja assistindo de casa ou presencialmente no estádio, estava todo conectado.

Já em uma campanha publicitária em parceria com o Real Madrid, a Emirates exibe o interior de um de seus luxuosos aviões durante um voo. Nele, dois homens conversam, tímidos, porém ansiosos, dizendo "É ele, não é? É uma lenda! O maior jogador da sua geração". Ao fundo, está Cristiano Ronaldo, de costas para os homens, ouvindo lisonjeado os elogios. Mas eles param de falar quando "a lenda" se aproxima: Pelé. É quando Ronaldo se dá conta de que os homens não falavam dele, e sim do brasileiro conhecido como Rei do Futebol.

Enquanto as duas lendas do futebol se entreolham e riem, um rapaz se aproxima: "Sr. Ronaldo, podemos tirar uma foto?", e entrega o celular a Pelé para que ele os fotografe. Se os homens mais velhos reconheciam e admiravam Pelé, o jovem era fã de Cristiano Ronaldo. No avião da Emirates, fãs de todas as gerações estavam unidos.

Tanto a ativação de marca por meio de patrocínio no jogo do Benfica quanto a campanha publicitária com dois dos maiores nomes do futebol da história transmitem a mensagem da companhia e são interessantes.

Agora reflita: qual delas custou mais, a ativação de marca com as comissárias ou a campanha publicitária que reuniu Pelé e Cristiano Ronaldo?

E qual delas gerou mais impacto e atingiu mais público?

O canal oficial do Real Madrid no YouTube tem 11,5 milhões de inscritos, e a campanha publicitária com Pelé e Cristiano Ronaldo tem 705 mil visualizações.

Já o canal oficial da Emirates no YouTube tem 926 mil inscritos, e o vídeo da ativação de marca com as comissárias ultrapassa as 4,1 milhões de visualizações.

Esse é o poder da ativação de marca.

Ativação não precisa custar caro. Basta ter uma boa ideia.

NÃO EXISTE RECEITA PARA ATIVAR

A ativação é uma estratégia que as marcas utilizam para maximizar o impacto de seu investimento no patrocínio. Ela envolve um conjunto de ações e atividades que visam promover a marca do patrocinador, construir conexões emocionais com o público e aumentar seu reconhecimento. Se o patrocínio está relacionado a construir uma história juntos, a ativação é o meio pelo qual essa história é contada.

No que se refere às possibilidades, o céu é o limite, e a escolha depende da estratégia e dos objetivos do patrocinador, além do perfil do público e das condições locais.

Estes são alguns tipos de ativação:

- Ativação no Local: envolve a criação de experiências interativas e envolventes no local do evento esportivo, cultural ou de entretenimento. Um exemplo são as Fifa FanFest, promovidas pela Fifa durante a realização da Copa do Mundo, que incluem uma espécie de *watch party* para os jogos e ativações de marca nas quais o público pode experimentar produtos, tirar fotos em ambientes instagramáveis e interagir com as marcas patrocinadoras.
- Ativação Experiencial: a estratégia envolve criar experiências memoráveis para o público, por meio de interações ao vivo. Isso inclui ativações que estimulem os sentidos e engajem os participantes de maneira única. O patrocínio da Toyota ao festival Imin Matsuri, que celebra a imigração japonesa no Brasil, permite que os visitantes conheçam o modelo de carro mais atual e, em alguns casos, até façam um test drive.
- Ativação Digital e de Conteúdo: as marcas utilizam plataformas online para se envolver com o público, criar campanhas virais e aumentar o reconhecimento da marca. Por exemplo, ao transmitir os shows do Rock in Rio, o canal Multishow incentiva o uso de hashtags que incluem o nome do artista. Assim, quando o público que assiste de casa quer interagir e comentar sobre o show do Bruno Mars, por exemplo, a tag #BrunoMarsNoMultishow fica nos trending topics, favorecendo ainda mais o aumento da audiência.
- Experiências de Hospitalidade: muitas marcas oferecem experiências de hospitalidade para clientes VIP, parceiros e convidados especiais. Isso pode incluir ingressos VIP, acesso a camarotes e a eventos exclusivos. Falei mais sobre isso no Capítulo 5.
- Ativação Filantrópica: algumas empresas utilizam o patrocínio para apoiar causas sociais ou ambientais. Isso pode envolver campanhas de arrecadação de fundos, doações para institui-

ções de caridade e iniciativas de responsabilidade social corporativa. Anualmente, o Santos FC e a Umbro lançam um modelo de camisa cor-de-rosa, em benefício da Federação Brasileira de Instituições Filantrópicas de Apoio à Saúde da Mama (Femama). O intuito é conscientizar sobre a importância da detecção precoce do câncer de mama e colaborar com a instituição que busca ampliar o acesso ao diagnóstico e ao tratamento desse tipo de câncer.

- Ativação de Conteúdo: refere-se à criação de conteúdo exclusivo relacionado ao evento patrocinado, como vídeos, artigos, entrevistas e histórias que envolvam a audiência. A transmissão do salto de Felix Baumgartner no projeto Red Bull Stratos é um exemplo de como engajar a audiência com conteúdo exclusivo.
- Promoção e Vendas: oferecer promoções especiais e descontos relacionados ao evento ou à equipe patrocinada. Os cupons de descontos ofertados pelos patrocinadores da Cazé TV durante a transmissão dos esportes, por meio de um QR code na tela, são um exemplo disso.
- Ativações em Festival: a marca proporciona diferentes experiências ao público de festivais, com iniciativas personalizadas conforme o seu objetivo. A Vivo, patrocinadora do Lollapalooza, implementa no festival uma ação chamada "Presença Preta". A marca convida influenciadores e empreendedores negros, como maquiadores, estilistas, cabeleireiros e designers, para participar do festival apresentando seus trabalhos e criando conteúdo.
- Ativações de experimentação (*sampling*): marcas oferecem amostras gratuitas de seus produtos para que os consumidores experimentem, gerando uma experiência tangível que pode influenciar positivamente suas decisões de compra.

As práticas de ativação padrão são as iniciativas mais tradicionais, praticamente nascidas junto com os patrocínios. Elas costumam acontecer majoritariamente offline, embora, com o tempo, tenham passado a incluir alguns componentes digitais.

Na prática, as ativações padrão são aquelas que o patrocinador já espera quando contrata um patrocínio, e já estão incluídas no contrato. Ou seja, não há nada de muito inovador ou criativo aqui em termos de ação ou de pontos de contato com o público.

A mais comum é a publicidade vinculada ao patrocínio. Esse método de ativação envolve uma campanha publicitária atrelada à imagem de uma propriedade esportiva. A publicidade vinculada ao patrocínio aumenta a conscientização do público sobre a associação entre patrocinador e ativo patrocinado, destacando a parceria. O anúncio pode usar o nome da marca esportiva patrocinada, o logotipo da propriedade, atletas ou treinadores.

Os anúncios podem ser veiculados por meio de diferentes canais, como outdoors, jornais, revistas, televisão, produtos da marca e brindes temáticos. Colocar anúncios em jornais ou inserções em jornais apresentando atletas participantes por ocasião do patrocínio é um exemplo desse método.

Outras abordagens, como eventos de curta duração realizados em locais diferentes ao longo de um período, também podem ser consideradas formas mais tradicionais de ativação padrão.

Mas existe uma outra categoria de ativação de marca — aquela que é inovadora, moderna e criativa, podendo ser digital ou não, e que ajuda ainda mais o patrocinador a atingir seus objetivos. No livro *Sport Sponsorship Insights*, os autores, Norm O'Reilly, Gashaw Abeza e Mark Harrison, chamam essa categoria de "ativação de valor agregado".

Essas ativações são frequentemente desenvolvidas, em nome dos patrocinadores, por agências de *live marketing* ou agências promocionais, empresas especializadas em criar e executar estratégias de marketing que envolvem interações ao vivo e experiências diretas com o público.

Essas agências se concentram em criar experiências que conectam as marcas aos consumidores por meio de eventos, ativações de marca e outras iniciativas presenciais.

As ativações de valor agregado envolvem ações que vão além da simples exposição de marca em camisas ou campanhas de publicidade convencionais. Este capítulo está recheado de exemplos que ilustram muito bem como são múltiplas as possibilidades de execução desse tipo de ativação. E, o mais importante, demonstra como o orçamento de ativação pode variar — e nem sempre precisa ser tão alto —dependendo dos objetivos e da estratégia da ação.

Já as ativações de marca baseadas em plataformas online podem ser de três tipos: mídia digital, web e redes sociais.

- Iniciativas de ativação de marca baseadas em mídia digital

São estratégias de ativação que utilizam mídia digital, como podcasts e games, de modo a reforçar a relação entre a marca e o ativo patrocinado. Incluem também aplicativos de realidade aumentada e realidade virtual, permitindo aos usuários "interagirem" de alguma forma com a marca e com o ativo patrocinado.

- Iniciativas de ativação de marca baseadas na web

Normalmente, os patrocinadores criam campanhas específicas para canais digitais, como vídeos promocionais ou publicidade veiculada em aplicativos e sites, banners em páginas relevantes para o público-alvo, entre outras estratégias. Eles exploram as possibilidades da web, incluindo a criação de sites, blogs e outros recursos online para promover a marca patrocinadora e reforçar a associação entre ela e o ativo esportivo.

- Iniciativas de ativação de marca baseadas em redes sociais

Concentram-se na promoção da marca patrocinadora nas plataformas de redes sociais, como Facebook, Instagram, X (ex-Twitter), LinkedIn, por meio da integração e do engajamento do público, retendo a audiência e transformando-a em valor. Elas abrangem a criação de conteúdo exclusivo para cada plataforma, interação com seguidores, parcerias com influenciadores nas redes sociais, entre outras possibilidades.

Todas essas iniciativas aproveitam os recursos específicos de cada plataforma. A decisão por uma delas, assim como as métricas para mensurar o sucesso da ação de ativação (falarei mais sobre formas de mensurar patrocínios no Capítulo 9), depende dos objetivos específicos do patrocínio. Muitas vezes, as marcas optam por combinar essas iniciativas, garantindo uma presença online consistente e estrategicamente integrada.

Ao investir em ações de ativação de marca, o patrocinador consegue traçar estratégias próprias que o aproximem mais dos objetivos definidos para aquele patrocínio, aumentando as chances de renovação do contrato.

O "Canadian Sponsorship Landscape Study", estudo realizado em 2020 para analisar o cenário dos patrocínios no Canadá, revelou que a imensa maioria dos patrocinadores, naquele país, já tinha por hábito reservar em torno de 10% do valor investido no patrocínio para usá-los em ações de ativação de marca. Essa tendência indica que as marcas têm visto os ativos patrocinados como parte integrante de suas estratégias de marketing e ampliado os esforços para fortalecer as parceiras.

Há muitas propriedades esportivas em busca de patrocinadores em comparação com o número disponível de patrocinadores. E na economia da atenção, a disputa é ainda mais ferrenha. Por isso, uma alternativa para o momento da negociação, especialmente para as propriedades esportivas de menor porte ou aquelas que renovam seus contratos de patrocínio anualmente, é estar aberto a negociar o valor do contrato caso o patrocinador se mostre disposto a investir em boas ações de ativação para esse patrocínio.

A ativação de marca bem feita garante que o patrocínio seja eficaz e gere valor.

O patrocínio dá ao patrocinador o direito de utilização da imagem e da marca do ativo patrocinado. Assim, ele pode escolher como ativar a própria marca. Vale dizer que o orçamento destinado ao patrocínio, em contrato, não inclui as ações de ativação de marca. Cabe ao patrocinador defini-las.

Aqui, não tem certo ou errado. Algumas empresas gastam em ativação de três a quatro vezes o valor investido no patrocínio. Isso normalmente acontece nos grandes eventos, como Copa do Mundo e Jogos Olímpicos, organizados a cada quatro anos. Outras empresas se preparam para investir em ativações entre 0,3% e 0,5% do valor do patrocínio.

Os grandes festivais, que permitem instalações mais vultuosas, oferecem diversas oportunidades de ativação de marca, para diferentes orçamentos. O Rock in Rio, por exemplo, que acontece no Brasil a cada dois anos, promove uma série de microeventos durante o intervalo entre uma edição e outra, e oferece às marcas a possibilidade de fazer ativações em todos eles — desde a divulgação do *line-up* e dos *headliners* — que nunca é feita de uma vez só —, às vendas do Rock in Rio Club e do Rock in Rio Card.

Tudo isso vai gerando *talkability*, ou seja, conversa e compartilhamentos, reverberando entre as pessoas e, consequentemente, impulsionando a marca durante todo o tempo em que o festival está em voga — às vezes, durante o ano todo.

Um fato comprovado é que não é necessário investir rios de dinheiro para ativar uma marca — mas se quiser, pode. O que importa, de verdade, é o impacto gerado pela ação.

No dia 27 de março de 2017, o pequeno Daniel embarcava no Aeroporto de Fortaleza, em uma aeronave da Gol com destino a São Paulo, acreditando que apenas acompanharia o pai em uma viagem a trabalho. No entanto, ao passar pelo raio X, o garotinho foi informado de que teria uma missão especial: levar a camisa que o meio-campista Renato Augusto usaria no jogo da Seleção na Arena Corinthians.

Daniel carregava a camisa nas mãos, em uma caixa, com um sorriso feliz e surpreso, enquanto era cumprimentado pelos funcionários da Gol. A bordo da aeronave, o tradicional cumprimento do piloto aos passageiros foi o seguinte:

Senhoras e senhores passageiros, um cordial bom dia. É o comandante falando.
Sejam todos bem-vindos a bordo! Amanhã é um dia muito importante, dia de jogo da Seleção Brasileira, e os torcedores vão estar juntos com o Brasil. Temos um torcedor muito especial aqui na poltrona 4A, que está levando a camisa do Renato Augusto. A Gol é transportadora oficial da Seleção Brasileira e te deu essa missão, Daniel. Nosso muito obrigado, e peço, por gentileza, uma salva de palmas para o Daniel.

Quando desembarcaram em São Paulo, o garoto e o pai foram levados à Arena Corinthians, o que deixou Daniel ainda mais maravilhado. Mas a verdadeira surpresa do garoto aconteceu quando o próprio Renato Augusto veio em sua direção, dizendo "Você veio, Daniel! Muito obrigado! Se não fosse por você, eu não ia conseguir jogar, cara! Vamos entrar juntos amanhã no jogo?"

Daniel, um pequeno fã apaixonado por futebol, veria seu primeiro jogo da Seleção Brasileira em um estádio, de um ponto de vista muito privilegiado. No dia seguinte, ele entraria de mãos dadas com Renato Augusto e cantaria o Hino Nacional com a mão no peito junto à Seleção. Da arquibancada, Daniel viu o Brasil vencer o jogo por 3 a 0, ao lado do pai, e ser a primeira seleção a se classificar para a Copa da Rússia 2018. De quebra, ao fim do jogo, Daniel recebeu a camisa de presente, das mãos do próprio Renato Augusto.

O custo de uma ação como essa para a Gol é mínimo perto do impacto que ela gerou e da comoção que o vídeo da ativação causaria nas redes sociais. E essa ação específica, possibilitar a uma criança entrar de mãos dadas com um jogador, é algo que não está à venda, é uma entrega que somente um patrocinador pode proporcionar. Lembre-se, "money can't buy experiences".

Humanizar a marca é uma excelente forma de se conectar com a audiência e de valorizar colaboradores e demais ***stakeholders****, por meio da paixão pelo esporte.*

A MENSAGEM POR TRÁS DA AÇÃO

Com a intenção de desafiar os estereótipos de gênero que ainda estão bastante presentes no futebol, em 2016 a Heineken, patrocinadora da UEFA Champions League, promoveu uma ação de ativação de marca envolvendo três casais.

A marca ofereceu aos homens a oportunidade de assistir à final da Champions em uma festa exclusiva da Heineken, em São Paulo. Havia apenas uma condição: eles teriam que ir sem as suas namoradas, que ganhariam um vale-SPA para o final de semana. Assim, poderiam assistir ao jogo sem que elas sequer soubessem.

Durante um jantar em um restaurante, cada um dos três, obviamente, olhando nos olhos das namoradas, ofereceram-lhes o vale-SPA, como se fosse um presente carinhoso para as companheiras. Dessa forma, estariam livres para assistir à partida e curtir o evento.

Na final da Champions, eles foram muito bem recebidos na festa da Heineken. Quando se sentaram em frente a um telão, receberam esta mensagem:

> *Bem-vindos, Getúlio, Rafael e Felipe.*
> *Curtam a final assim como suas mulheres estão curtindo o SPA.*

As mulheres, então, vestindo roupões e com toalhas na cabeça, aparecem no telão acenando para os companheiros e dizendo o quanto estava tudo maravilhoso lá... em Milão!

Enquanto os homens veriam a final da Champions em uma festa exclusiva da Heineken, a marca levou as mulheres para assistirem, ao vivo, a disputa entre o Real Madrid e o Atlético de Madrid. As três pulavam e celebravam, enquanto jogavam longe as toalhas e os roupões, exibindo suas roupas de torcedoras, prontas para assistir a um jogo espetacular, que só seria decidido nos pênaltis.

Imaginem a cara dos namorados, enquanto o telão exibia as três mulheres celebrando em frente ao Estádio Giuseppe Meazza e a pergunta, "Já pensou que ela pode gostar tanto de futebol quanto você?". O slogan da marca, "Open Your World", ou "Abra seu mundo", caiu como uma luva para a ação.

Já para sua ativação de marca no Rock in Rio 2022, a Heineken seguiu por um caminho totalmente diferente. Com a finalidade de promover suas ações voltadas à sustentabilidade e conscientizar as pessoas sobre seu impacto nas cidades e no planeta, a empresa implementou uma grande estrutura repleta de vegetação, chamada Biosfera Musical. Dentro dela, as pessoas podiam interagir com diferentes biomas da Mata Atlântica, e, mais do que isso, ouvir os sons gerados pelas plantas através de dispositivos que captavam as ondas sonoras emitidas por elas e as reproduziam, individualmente, como um grande *beat* criado pela natureza. Nessa ativação, música, sustentabilidade e diversão se conectavam no festival.

O mesmo patrocinador, porém duas ativações completamente diferentes. Afinal, cada patrocínio tem um objetivo distinto no portfólio do patrocinador e, portanto, recebe ações de ativação de marca diferentes.

Já para os Jogos Paralímpicos no Rio 2016, a Visa também buscava frisar uma importante questão social atrelada a seus valores corporativos — assim como a Heineken — quando abordou a sustentabilidade no Rock in Rio. Porém a Visa seguiu por um caminho que demandou um investimento financeiro mínimo para a ativação da marca, embora tenha gerado um enorme impacto.

Com o lema "Às vezes, tudo o que você precisa para mudar de opinião é olhar mais de perto", a marca instalou câmeras em algumas academias no Rio de Janeiro para registrar as reações das pessoas à presença dos atletas paralímpicos. Na primeira delas, entra Luciano Dantas, um atleta com nanismo, sob o olhar de julgamento de um dos homens da academia; na segunda, o atleta Vinícius Rodrigues é observado com expressões consternadas devido à sua perna mecânica; na terceira, Lúcia Teixeira chega a uma academia de judô com a ajuda de sua bengala, devido à sua deficiência visual.

O que realmente causa espanto em todos ao redor é quando Luciano Dantas, halterofilista paralímpico, começa a levantar peso. O atleta usava 60kg de cada lado no supino, um peso que nem o cara mais forte presente na academia conseguiu suportar.

Vinícius Rodrigues, por sua vez, era encarado por todos os que corriam nas esteiras ao lado dele, gerando ainda mais surpresa quando perguntou a uma pessoa próxima se a esteira chegaria à velocidade 25km/h. No vídeo, é possível ver outros rapazes quase caindo em uma tentativa fracassada de se aproximar do desempenho do atleta paralímpico.

Já na academia de judô que recebeu Lúcia Teixeira, "todo mundo apanhou bonito", como relataram, rindo, várias pessoas que puderam lutar com a judoca paralímpica.

"Quando você vê um atleta paralímpico de perto, não dá pra explicar", finaliza a campanha, com a hashtag #TEMQUEIR, convocando o público a prestigiar as competições paralímpicas daquele ano.

A Alcatel e o Corinthians seguiram um caminho semelhante na ação de ativação de marca em homenagem ao Dia do Surdo. "Os gritos são a alma da torcida", diz o vídeo da ação, "mas nem todos podem participar dessa experiência".

Por isso, no dia 26 de setembro de 2017, a marca convidou três torcedores corintianos surdos, Gabriel, Wagner e Sarah, para assistirem a uma partida de futebol na Arena Corinthians e vivenciarem uma experiência totalmente nova junto com a nação corintiana.

Antes de começar o jogo, os ídolos do clube apareceram no telão do estádio falando, em Libras:

> *Oi, Wagner! Oi, Sarah! Oi, Gabriel!*
> *Bem-vindos à Arena Corinthians! Antes de começar o jogo, deixem seu smartphone ligado no modo Emoção.*
> *Bom jogo para vocês e todos os corintianos que falam a Língua Brasileira de Sinais.*

A Alcatel havia desenvolvido um aplicativo que mostrava os jogadores traduzindo os gritos da torcida para Libras, e assim permitindo que os torcedores surdos os compreendessem e acompanhassem durante a partida.

Enquanto a multidão gritava "Aqui tem um bando de loucos, loucos por ti, Corinthians!", o smartphone mostrava a Wagner, Sarah e Gabriel esse mesmo canto, na versão em Libras, interpretado pelo jogador Cássio. Quando o jogo começou, Wagner, Sarah e Gabriel puderam gritar junto com a nação corintiana, em sua própria língua.

No final da partida, Sarah contou que sempre via a torcida cantar, mas que aquela era a primeira vez em que ela pôde cantar junto. E essa foi a ação de ativação de marca da Alcatel, a fim de promover a inclusão por meio da tecnologia. Além dos três torcedores, toda a torcida corintiana presente no estádio, e quem assistiu aos vídeos da partida, foram impactados por ela. De novo: simples, barato e poderoso.

Analisando as diversas táticas empregadas, desde a personalização de eventos esportivos até as experiências imersivas em festivais de música, é possível notar que a eficácia de uma ativação de marca não está apenas na visibilidade momentânea, mas na capacidade de criar uma conexão duradoura com o público. Cada exemplo revela a importância de compreender não apenas o contexto do evento, mas também o público-alvo e, sobretudo, os objetivos que se pretende atingir com cada ação.

A ativação de marca deve ser vista como uma narrativa cuidadosamente construída. Cada ação, seja ela no campo esportivo ou no palco de um festival, é moldada para criar não apenas reconhecimento, mas uma experiência memorável que ressoe na mente do consumidor. A atenção aos detalhes e a habilidade de integrar-se organicamente ao ambiente são fatores críticos que diferenciam as ativações de marca bem-sucedidas.

A autenticidade na abordagem, o alinhamento consistente com os valores da marca e a compreensão da audiência são fundamentais para estabelecer conexões profundas e duradouras. O desafio reside não apenas em criar momentos impactantes, mas em cultivar relacionamentos que perdurem, reverberando além do ato.

TRANSFORMANDO A FRAQUEZA EM OPORTUNIDADE

Sempre existiu uma dificuldade no surfe: reter a audiência durante os chamados days off, dias em que não há competição na água devido às condições climáticas e às ondas. Até então, os dias de espera eram motivo de custo e decepção, fazendo com que muitas vezes parte do público deixasse a cidade onde era organizado o evento.

A solução encontrada pela WSL foi criar uma *festivalização* desse evento esportivo, de modo que os *days off* se tornassem uma verdadeira festa na praia, com diferentes tipos de ativações de marca, proporcionando às pessoas uma experiência completa de entretenimento.

No Vivo Rio Pro de 2023, dezesseis empresas expuseram suas marcas e puderam interagir com o público por meio de ativações nas areias de Saquarema, a "Vila dos Patrocinadores", mesmo em dias sem baterias nas águas.

A Vivo disponibilizou uma piscina de ondas estáticas aberta, enquanto o Banco do Brasil instalou uma tirolesa à beira da praia. O palco Vivo Rio Pro contava com apresentações de música, enquanto a areia era palco de diversas ações envolvendo esporte, lazer e entretenimento, ativadas pelas marcas. O encerramento de um dos dias contou com uma apresentação espetacular e inédita da Esquadrilha da Fumaça, da Força Aérea Brasileira. A transformação dos *Days-off* em *Days-En*, ou seja, dias com entretenimento, criou novos motivos de atração para o público, gerou conversas nas redes sociais e fez com que evento funcionasse durante toda a janela de nove dias, não somente durante os três dias de competição, resultando em um maior consumo na cidade e um impacto econômico recorde.

A edição de 2022, chamada Oi Rio Pro, havia movimentado 73 milhões de reais, e a expectativa para 2023 era de 80 milhões. Porém, segundo o relatório de Impacto Econômico da Vivo Rio Pro 2023, encomendado pela WSL, a etapa de Saquarema movimentou mais de 97 milhões de reais e contribuiu com 35 milhões para o Produto Interno Bruto (PIB) do município. Com isso, o estudo reforçou que, mais do que uma importante competição esportiva, a etapa de Saquarema da WSL trouxe benefícios econômicos e sociais para a cidade e a região.

PARA CURTIR E SABER MAIS

Make or Break: na crista da onda (2022)

Mergulhe no mundo do surfe profissional acompanhando os atletas em suas viagens ao redor do mundo para competir pelo título do Campeonato Mundial. Esta série documental também conta com informações sobre a vida dos surfistas e os sacrifícios que eles fazem para chegar ao topo.

CAPÍTULO 9

O Sucesso Não Se Mede Só Pelos Aplausos

Em 2014, a Always, marca de produtos de higiene feminina, lançou um vídeo como parte de sua campanha para desafiar estereótipos de gênero associados à expressão "like a girl" (como uma garota).

O vídeo começava com uma pessoa perguntando a adolescentes e adultos o que significava correr, jogar ou lutar "como uma garota". As respostas dadas eram estereotipadas e negativas, caracterizadas por movimentos fracos e desajeitados.

Em seguida, a campanha mostrava meninas pré-adolescentes e alguém fazia a elas as mesmas perguntas. Suas respostas, no entanto, eram cheias de confiança, energia e determinação. As garotas chutavam e lutavam com intensidade, desafiando a noção de que realizar qualquer atividade "como uma garota" significava fazer mal feito ou com delicadeza, ou que lutar, correr ou brincar "como uma garota" devesse soar como ofensa.

A campanha gerou controvérsia por abordar estereótipos de gênero de maneira tão direta. Com a repercussão, houve quem sugerisse boicote à marca, enquanto outros a elogiavam por abordar a questão de maneira direta e impactante. Havia aplausos e vaias. Só precisava medir-se quais eram mais altos.

A campanha "Like a Girl" foi premiada e amplamente elogiada pelo impacto cultural e social que ela provocou. Em 2018, foi eleita "a melhor campanha do século" pela PRWeek, publicação global especializada da indústria de relações públicas. Quase dez anos depois, ainda é comum ver pessoas usando camisetas, bolsas, entre outros acessórios, com os dizeres "Lute como uma garota". Os aplausos permanecem.

MENSURANDO O SUCESSO

Diferentemente dos gastos em marketing e publicidade envolvendo mídia tradicional, o retorno de um contrato de patrocínio nem sempre vai envolver valores financeiros. Quem for marinheiro de primeira viagem em patrocínios poderá ter dificuldades para compreender o valor do investimento logo de cara, até porque é um pouco contraintuitivo pensar em investir um montante geralmente alto em algo cuja promessa não é *necessariamente* o retorno mensurável em relatórios de *analytics* numéricos como ensinaram os investimentos em mídia digital das *Big Techs*.

Para que fique mais claro, o patrocínio pode trazer diferentes tipos de retorno:

- Retorno sobre o objetivo (ROO)

Refere-se a quando o patrocinador tem um objetivo em mente que não é o incremento de vendas, mas, sim, o retorno de um valor intangível. Para isso, é necessário que ele:

1. Identifique com clareza qual é esse objetivo a ser atingido.
2. Defina um *benchmark* para mensurar o progresso em direção ao objetivo.
3. Tenha uma metodologia ou ferramenta capaz de avaliar o progresso. (Mais adiante, neste capítulo, darei orientações mais específicas para ajudar nisso.)

O ROO é uma espécie de "indicador guarda-chuva" que abarca as possíveis medidas de retorno quando o objetivo não é meramente financeiro.

- Retorno sobre o propósito (ROP)

É uma espécie de ramificação do ROO, porém, mais atrelada ao impacto social gerado pelo patrocínio. Esta medida também está relacionada a patrocínios que têm impacto nas ações de ESG da empresa.

- Retorno sobre o engajamento (ROE)

Trata-se da avaliação da melhoria no relacionamento entre o público e a marca patrocinadora. Este tipo de retorno também se reflete na mudança da percepção que as pessoas tinham da marca antes e depois do patrocínio.

- Retorno sobre a experiência (ROX)

Para tornar seus clientes felizes, é preciso que seus colaboradores estejam felizes. Essa é a premissa deste indicador. O ROX está relacionado à melhoria da cultura organizacional e ao modo como isso se reflete na experiência do consumidor, resultando em um ciclo de valor que envolve a marca, os colaboradores e o público.

- Retorno sobre os relacionamentos

É a criação de um *networking* poderoso, por meio do patrocínio de causas, instituições ou eventos. Ou, ainda, a manutenção e o fortalecimento do seu próprio *networking* (lembre-se de que *hospitality* e *networking* fazem parte das vinte e uma razões para patrocinar).

- Retorno sobre o investimento (ROI)

Tenho certeza de que você estava esperando por ele. O ROI também é uma métrica usada para mensurar patrocínios, ainda que, neste caso, não seja tão matemática. Existem alguns tipos de vendas bastante lucrativos, que só acontecem graças a um contrato de patrocínio. Um exemplo é o lançamento pela Mormaii de uma coleção inteira de roupas esportivas, em edição limitada, para servir como uniforme do Time Brasil nos Jogos Olímpicos de Paris 2024. Isso só é possível porque a Mormaii é patrocinadora do Comitê Olímpico do Brasil.

- Retorno para as cidades e para a economia

Este é um retorno muito importante a ser considerado quando prefeituras ou governos estaduais patrocinam grandes eventos em suas dependências e movimentam toda a economia local. A etapa de Saquarema do Circuito Mundial de Surfe de 2023, promovido pela WSL, movimentou mais de 97 milhões de reais na economia da cidade, segundo relatório gerado pela consultoria Ernst & Young (EY).

No entanto, os efeitos vão além da cidade de Saquarema e beneficiam todo o Rio de Janeiro. O impacto sobre o PIB do estado foi de 114 milhões de reais, um valor superior ao de cerca de 30% dos municípios brasileiros. Ainda há outros números que se destacam:

- 12 milhões de reais gerados em impostos
- Mais de quinhentos empregos gerados
- 100% de ocupação da rede hoteleira de Saquarema
- 43 milhões de reais gastos por turistas

Em casos de eventos como esses, os efeitos podem ser divididos em três categorias:

1. **Diretos:** Impactos originados pelos desembolsos diretos feitos pelo evento, o que incorpora gastos para a montagem da estrutura e toda a operação da etapa, além das receitas geradas pelo evento e pelo consumo dos espectadores.
2. **Indiretos:** Atividade econômica movimentada pelas cadeias de suprimento dos setores mobilizados pela WSL e pelos visitantes.

3. **Induzidos:** Conforme a economia se movimenta, salários e remunerações são pagos aos trabalhadores envolvidos em todos os elos da cadeia. Por sua vez, esse grupo consome outros bens e serviços, que também giram a economia.

ENTENDENDO O QUE MEDIR

Talkability refere-se à capacidade de uma campanha, evento, produto ou conceito gerar debates e compartilhamentos, seja pessoalmente, nas redes sociais ou em outros meios de comunicação. Em entrevista ao meu podcast, o *Patrocinei!*, Amira Ayoub, head de marketing da Latam Airlines, conta que os principais indicadores que ela considera ao avaliar a contratação de um patrocínio são a conexão emocional do público da Latam com aquele ativo patrocinado e a possibilidade de ele gerar *talkability*. Por isso, um dos patrocínios no qual eles investiram em 2023 foi o do The Town, festival "irmão" do Rock in Rio, porém, sediado em São Paulo.

No Capítulo 3, defendo que, na economia da atenção, a publicidade não pode ser um intervalo ou uma interrupção no conteúdo que está sendo consumido; ela precisa ser parte dele. Caso contrário, o expectador desviará os olhos dele — ou simplesmente apertará o botão "pular anúncio". Por isso, outra estratégia de patrocínio da Latam foi investir no *Big Brother Brasil 23*. No dia 11 de abril de 2023, foi a primeira companhia aérea a patrocinar uma prova no *reality show* de maior audiência do país, uma ativação de marca inédita para a empresa. Para isso, a Latam tinha um *war room* com mais de 150 pessoas preparadas para interagir nas redes sociais com toda a audiência — o chamado *real-time marketing* —, mas também gerir qualquer eventual crise que surgisse. Segundo a executiva, a ação foi um sucesso absoluto.

A métrica para avaliação, neste caso, é o *social listening*, ou escuta social, prática de monitorar ativamente o *talkability*, nas mídias sociais, para acompanhar e analisar as conversas online que envolvem a marca, e, então, interagir com elas. A técnica envolve coleta e análise de dados provenientes de diversas plataformas de mídia social, como Facebook, X (ex-Twitter), Instagram, LinkedIn, entre outras.

O *social listening* é uma ferramenta estratégica para empresas que desejam compreender a opinião do público, melhorar a experiência do cliente, identificar oportunidades de marketing e gerenciar crises de reputação. Ao analisar as conversas online, as organizações podem adaptar suas estratégias de marketing e comunicação de acordo com as percepções e necessidades do público.

Os principais elementos do *social listening* incluem: acompanhar menções diretas e indiretas à marca, produtos ou tópicos específicos nas redes sociais; identificar temas emergentes e tendências nas conversas relacionadas à marca; responder ativamente a comentários e perguntas dos usuários; comparar o próprio desempenho e a percepção da marca em relação aos concorrentes.

A Betano, patrocinadora master do Fluminense, compartilhou com o clube um momento de glória no dia 4 de novembro de 2023, quando o tricolor do Rio venceu o Boca Juniors por 2 a 1 e conquistou o título da Copa Libertadores da América no Maracanã.

Caso o objetivo da Betano, com esse patrocínio, fosse exposição de marca, uma forma de avaliar o retorno seria medir a audiência da partida e contar quantas vezes a marca "Betano" apareceu de forma clara e visível durante a transmissão televisiva — por exemplo, na Globo —, e quantos milhões de pessoas foram atingidas.

Mas se a Betano tivesse pagado por um *insert* publicitário na Globo, naquele horário, teria custado mais ou menos do que o patrocínio ao Fluminense — considerando o valor anual e o tempo em que a marca foi exposta por meio dos jogadores, em todas as partidas e demais aparições do Fluminense?

Além disso, a presença da marca Betano durante uma vitória histórica do Fluminense a torna mais ou menos interessante aos olhos dos brasileiros? Empresas como Ibope Repucom oferecem ao mercado uma metodologia capaz de avaliar o ROI desse patrocínio visando aferir, qualificar e medir eficiência.

Real-time marketing não é sorte. É preparo.

A métrica de mensuração a ser escolhida vai depender única e exclusivamente de um fator: o objetivo do patrocinador. É a partir disso que o patrocinador avaliará se a associação foi bem-sucedida. Afinal, quando você vende o patrocínio, está vendendo uma oportunidade de alavancagem ao patrocinador, que transforma essa oportunidade em resultados ligados aos próprios objetivos de marketing e negócios da sua organização.

Alguns patrocinadores vão optar por medir exposição e *brand awareness*; outros, percepção de marca; outros, ainda, incremento de vendas. De novo, é importante que o patrocinador tenha clareza de qual será essa métrica antes da assinatura do contrato, para saber o que esperar da parceria firmada (lembre-se do estudo de afinidade, no Capítulo 6).

O clássico modelo de objetivos SMART também ajuda a sistematizar objetivos e metas relacionados aos patrocínios, para que o patrocinador possa se orientar sobre como avaliá-los e mensurá-los.

O patrocínio é multifacetado, e a mensuração também precisa ser. A base desse tipo de medição é que tudo se trata de objetivos, e se os objetivos são SMART, eles devem ser mensuráveis.

S **Específico** **(specific)**	**M** **Mensurável** **(measurable)**	**A** **Atingível** **(achievable)**	**R** **Relevante** **(relevant)**	**T** **Temporal** **(time bound)**
Qual é o seu objetivo?	Como saberá que o alcançou?	É possível alcançar esse objetivo?	Esse objetivo é relevante para o que você busca?	Quando você deseja atingir esse objetivo?

Os patrocinadores estão se tornando mais experientes, mas ainda existem marcas limitando seus objetivos à combinação de duas palavras: aumentar vendas. Embora esta, certamente, seja uma busca valiosa, nem o ativo patrocinado, nem o patrocinador serão capazes de determinar até que ponto isso será alcançado, pois é muito vago.

Por exemplo, se o potencial patrocinador disser que seu objetivo inicial é "aumentar vendas", faça estas perguntas a ele:

- Que tipo de vendas: para novos clientes ou para aumentar o ticket dos clientes atuais? Gerar mais fidelidade?
- Através de qual canal de distribuição (varejo, e-commerce etc.)?
- Para quais mercados-alvo?
- Durante qual período de tempo?
- A partir de qual referência?
- Até quando deseja alcançar esse resultado?

Em conjunto, o modelo SMART proporciona uma estrutura abrangente para a definição, execução e avaliação de objetivos de patrocínio. Ele ajuda as empresas patrocinadoras a mensurarem de forma mais precisa e integrada o impacto do patrocínio, fornecendo dados tangíveis que facilitam a análise do retorno sobre o investimento. Assim, patrocinadores podem otimizar suas estratégias e tomar decisões informadas para futuros investimentos.

Comparação é fundamental. Um patrocinador não pode saber o que o patrocínio alcançou se não souber de onde começou.

Obviamente, o *sell side* não pode mensurar o sucesso do patrocínio pela marca. Mas, antes de efetivar o contrato, talvez possa ajudar o potencial patrocinador a entender que o patrocínio é avaliado mais em termos de ROO do que de ROI.

O ROI pode parecer um tipo de fantasma pairando sobre o mercado de patrocínios. Afinal, muitos patrocinadores adotaram a visão de que todo retorno pode e deve ser convertido em uma cifra numérica, de modo que os retornos finais sejam comparados aos custos e resultem em lucro. Se essas expectativas não forem atendidas (e, já adianto, não serão, pois não é assim que a banda toca em patrocínios), o CMO da parte pode acabar tentando barganhar demais, principalmente por não entender qual é o real retorno obtido pelos patrocínios.

No livro *The Sponsorship Seekers's Toolkit*, Kim Skildum-Reid e Anne-Marie Grey dão alguns exemplos de quais indicadores usar para mensurar cada tipo de objetivo:

— **Objetivos mensuráveis em valores financeiros ($)**

- Vendas incrementais.
- Aumento nos lucros em um mercado específico.
- Atingimento de um mercado específico.
- Aumento no fechamento de contratos.
- Melhora na aquisição de clientes.
- Redução no custo para atingir um público-alvo.

— **Objetivos mensuráveis em percentuais**

- Mudanças na percepção de marca.
- Mudanças nas intenções de compra.
- Lucratividade.
- Tráfego.
- Lealdade.
- Redução do *churn*.

— **Objetivos mensuráveis em números absolutos**

- Viralização, *likes*, comentários e compartilhamentos nas redes sociais.
- Conteúdos gerados pelos usuários sobre a marca.
- Visitas ao site oriundas de links dos patrocinados.
- Downloads.
- Compras feitas com o uso de um cupom.

— **Objetivos mensuráveis subjetivamente**

- Relacionamentos com instituições ou com o governo.
- Networking.

Em 2016, a Continental Pneus comprou os *naming rights* da Copa do Brasil, que se chamaria Copa Continental Pneus do Brasil 2016 e nos quatro anos subsequentes. O objetivo da marca ia muito além de aumentar seu faturamento com a venda de pneus.

A Continental havia feito uma pesquisa de reconhecimento de marca, e os resultados mostraram que a lembrança de marca ligada à "Continental", na época, estava ligada a:

1. Cigarro
2. Fogão
3. Companhia aérea
4. Pneus

Como o nome "Continental" estava presente em diferentes segmentos do mercado, outras três marcas homônimas prevaleciam na lembrança do consumidor antes da empresa de pneus. Percebendo isso e tentando criar mais notoriedade, a fim de mudar esse cenário, a Continental Pneus patrocinou a Copa do Brasil e adquiriu os *naming rights*.

Posteriormente, mensurando os resultados em praças específicas, a marca alcançou o objetivo de melhorar o seu *brand awareness* e se fixou na mente do consumidor brasileiro como uma marca de pneus. Até 2023, a Continental Pneus segue patrocinando a Copa do Brasil, cujos *naming rights* agora são da Betano, enquanto a Continental encontrou outras associações que lhe interessam mais no atual contexto da marca.

O tema principal do *Relatório Anual de Marketing da Nielsen de 2023* é a necessidade de uma medição consistente em um cenário que prioriza o digital. O estudo apresenta três pontos importantes para mensurar investimentos de marketing e alavancar o impacto:

1. Investimentos hoje podem economizar dinheiro a longo prazo. O estudo destaca a importância da construção contínua da marca, o que demanda investimentos que favoreçam o brand awareness. Ainda, é preciso compreender o desempenho das ações de marketing quase em tempo real, na busca pela maximização do ROI.
2. **O futuro está aqui: adote uma mentalidade de mensuração comparável.** De novo, não dá para citar dados sem ter um referencial para eles. Dizer que uma audiência aumentou ou caiu só faz sentido se essa informação for contextualizada. Para isso, é preciso trabalhar com dados mensuráveis.
3. **Aumente seu ROI alcançando mais do seu público-alvo.** Aqui mora a importância da identificação do seu público-alvo e da segmentação de audiência. Se o objetivo de um patrocinador é o rejuvenescimento de marca, faz mais sentido ele patrocinar o Lollapalooza ou um Leilão de Gado de Elite?

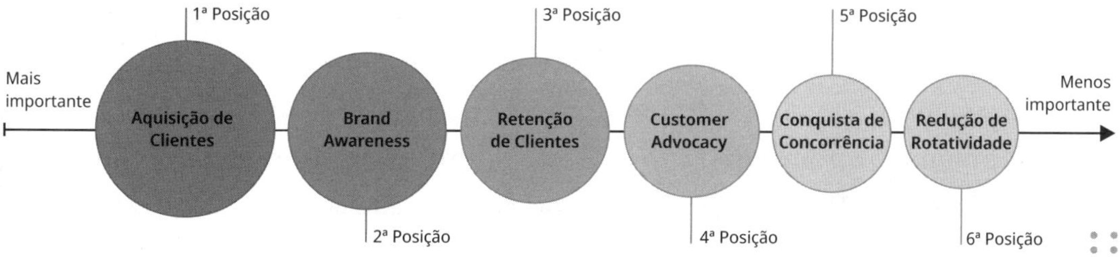

Principais objetivos de marketing para 2023
Fonte: Nielsen

No Capítulo 8, tratei do desafio da WSL de tornar o Circuito Mundial de Surfe mais atraente para a audiência nos *days off* e de reter a atenção do público. Em 2023, esta foi uma das métricas a serem avaliadas.

Saindo de um contrato com outra emissora e buscando dar maior notoriedade às conquistas e histórias formidáveis do esporte, em 2022 a WSL firmou parceria com a TV Globo para uma transmissão multiplataforma das baterias de surfe, que incluía SporTV, Globoplay, GE, Canal OFF e cobertura editorial na TV aberta. Assim, o alcance do Circuito Mundial de Surfe ultrapassou os 155,8 milhões de pessoas, atingindo recorde histórico de impactos para uma temporada da Liga, no Brasil.

O ROO reforça a ideia de que a medição do patrocínio é multifacetada e baseada em objetivos gerais de marketing e negócios, incluindo mudanças na percepção do consumidor em relação à marca e aumento da lealdade ou defesa nos mercados-alvo principais, embora sem se limitar a isso.

Essa perspectiva de retorno sobre o objetivo também coloca a responsabilidade no lugar certo. Os patrocinadores devem estabelecer com clareza os próprios objetivos, ativar a marca, quando desejarem, para atingir esses objetivos, além de ter especialistas que supervisionem e avaliem as repercussões e o retorno do patrocínio, como foi o caso da Latam Ou que contratem empresas especializadas para fazê-lo. Segundo o relatório da Nielsen, o tempo em que se esperava uma ação de marketing ser finalizada para avaliar os resultados chegou ao fim.

A mensuração oferece uma maneira tangível de comprovar o engajamento e o impacto do patrocínio. Isso não apenas legitima o valor percebido, mas também fornece dados concretos para apoiar futuras negociações com patrocinadores, parceiros e *stakeholders*.

Mensurar o retorno de um patrocínio vai além da simples análise financeira; é uma ferramenta estratégica que impulsiona a eficácia, a transparência e a sustentabilidade das iniciativas de marketing. A compreensão aprofundada do impacto permite que as empresas otimizem seus investimentos, fortalecendo sua posição competitiva e construindo relacionamentos duradouros com as marcas parceiras.

"Não se gerencia o que não se mede, não se mede o que não se define, não se define o que não se entende, e não há sucesso no que não se gerencia."
William Deming

E O FIM DO CONTRATO?

Infelizmente, ou não, ele acontece. Às vezes, o patrocinador entende que seus objetivos foram atendidos e que não faz mais sentido manter essa associação entre marcas. Há diversas razões pelas quais um patrocinador pode optar por finalizar um contrato de patrocínio. Elas podem variar desde questões financeiras até mudanças estratégicas ou desafios operacionais.

- Desempenho insatisfatório: Se os resultados do patrocínio não atendem às expectativas do patrocinador em termos de ROI ou ROO.
- Mudanças estratégicas: Alterações na estratégia de marketing ou nos objetivos da empresa podem levar a uma reavaliação dos patrocínios existentes. Se um patrocínio não se alinha mais com a direção estratégica da empresa, é possível que seja encerrado.
- Restrições orçamentárias: Em tempos de restrições financeiras, os patrocinadores podem precisar ajustar seus orçamentos de marketing. Isso pode resultar na interrupção de alguns patrocínios para alocar recursos de forma mais eficiente em outras iniciativas.
- Mudança de foco de público: Se houver mudança nas prioridades do público-alvo do patrocinador e o evento ou propriedade patrocinada já não se alinhar com essa audiência, o contrato de patrocínio poderá ser encerrado.
- Problemas de reputação: se o ativo patrocinado enfrentar problemas de reputação, escândalos, condutas criminosas ou situa-

ções que possam prejudicar a imagem da marca do patrocinador, este pode decidir desvincular-se para proteger sua reputação.

- Fusões ou aquisições: Em casos de fusões, aquisições ou reestruturações corporativas, a nova entidade formada poderá ter prioridades e estratégias diferentes, resultando na interrupção de acordos de patrocínio existentes.
- Concorrência ou novas oportunidades: Se surgirem oportunidades mais atraentes de patrocínio ou se a concorrência oferecer condições mais vantajosas, um patrocinador poderá decidir encerrar um contrato existente para explorar novas parcerias.
- Condições contratuais não cumpridas: Se a propriedade patrocinada não cumprir as condições estipuladas no contrato, como fornecer a visibilidade prometida, o patrocinador pode ter motivos contratuais para encerrar o acordo.
- Ciclo de vida da propriedade: O ciclo de vida de um evento, time ou propriedade pode influenciar a decisão de um patrocinador. Se a propriedade patrocinada perder relevância ou popularidade, o patrocinador poderá escolher encerrar o contrato.

Antes de se despedir de um patrocinador, certifique-se de ter feito o possível para a manutenção da parceria e agido de maneira correta durante o contrato. E mantenha as portas abertas para futuros reencontros.

Ninguém pode garantir que todos os contratos serão bem-sucedidos. O que se pode garantir é que, se respeitar a marca patrocinadora e garantir as entregas corretas, as taxas de renovação tenderão a subir.

INSIGHTS DO INSIDER

Renato Politi
Head da Sponsorium na América Latina

Em 1998 estava atuando com a captação de patrocínio para o vôlei do Palmeiras. Sentia a dificuldade de conversar com as marcas. Tinha em mãos o valor que o Palmeiras queria e quais eram as contrapartidas. Uma lista de itens aleatórios para colocação da marca. Camisa, placas etc. Tentei captar por alguns meses.

O marketing esportivo estava em alta naquele ano. A FGV tinha lançado um curso de 6 meses sobre o assunto coordenado pelo Luis Fernando Pozzi. Na mídia publicitária só se falava nisso. O Brasil tinha descoberto que poderia ser mais profissional nas relações de patrocínio.

Pela necessidade de estar acompanhando tudo o que acontecia no segmento, uma vez que tínhamos desenvolvido uma área de marketing esportivo na minha produtora audiovisual, começamos a assinar a versão inglesa da publicação semanal *SportBusiness*. Em uma das edições, vi um anúncio de uma empresa chamada Sponsorship Information Services - SIS. No criativo listavam uma série de benefícios de se trabalhar com a empresa e o principal que me saltou aos olhos era: "Saiba exatamente quanto vale o seu patrocínio". Entrei em contato e descobri que era uma empresa de pesquisas de retorno de patrocínio que usava a exposição de mídia com uma metodologia própria. Minha intenção inicial era contratar um estudo para os pacotes de patrocínio do vôlei do Palmeiras e conseguir com isso justificar os valores cobrados na proposta. No primeiro telefonema, Mark Cornish, que era o CEO da empresa, entendeu erroneamente que queríamos trazer a empresa para o Brasil. Aquela confusão de comunicação me animou e na hora disse que sim. Nem sabia o que estava fazendo. Meu sócio e eu pegamos um avião no dia seguinte e fomos passar o fim de semana em Londres para uma reunião com eles na segunda-feira. Fechamos o negócio naquela reunião mesmo e adquirimos a licença da empresa para o Brasil.

A partir daquele momento, iríamos fornecer os estudos de valoração de patrocínio para o mercado e eu mergulhei nesse universo de avaliação de retorno e justificativa de investimento, no qual estou até hoje (entre idas e vindas)

A métrica principal, no início dos anos 2000, para retorno de patrocínio era a exposição de mídia. Todas as marcas começaram a cobrar das propriedades que patrocinavam a justificativa para os valores que pagavam. A corrida pela metrificação correta começou como uma tábua de salvação de contratos e empregos. Exposição de mídia.

Quantas vezes a marca aparece na TV, jornais, internet, revistas? Qual seria o valor necessário para comprar aquela exposição toda? Através de cálculos, pesos, ponderações o valor era determinado. Uau! Colocar a marca na camiseta de um clube de futebol valia múltiplos e múltiplos do valor que estava sendo pago em retorno de exposição de mídia. A grande descoberta. Todos começaram a se basear nisso e os acordos começaram a ser justificados. Exposição de mídia era o mantra da vez.

Propriedades e marcas compravam estudos e relatórios, que deixavam na gaveta e poderiam usar caso fossem questionados. Com o primeiro ano de investimento justificado, o resto era *copy* e *paste*, pois a exposição mudava muito pouco. Mas todos tinham que ter as análises atualizadas. As emissoras de TV não gostavam daquilo pois achavam que "perdiam" clientes de *advertising* e tentavam "cortar" a marca da tela. Pensamento esquisito por parte dos responsáveis pelas transmissões da época: "Se o patrocínio faz a marca aparecer na TV, aquela marca não vai anunciar comigo". Miopia geral, como diria Levitt. Se a marca não apoiar o evento, o organizador não conseguirá realizar o evento e, por consequência, não haverá conteúdo a ser transmitido. Sem conteúdo não haverá audiência e o espaço de trinta segundos não terá valor. É uma cadeia que precisa ser alimentada. Ainda acho que isso não está muito claro para a mídia brasileira, mas já melhorou muito em relação ao que era nos anos 2000.

A consequência dessa visão míope era a de fazer entrevistas com a câmera bem próxima ao rosto dos atletas para que não aparecessem o boné, os ombros etc. E nós, especialistas na área, auxiliando a buscar o melhor retorno para os patrocinadores, inventando cada vez mais locais para colocação da marca buscando driblar isso. Meia, shorts, ombro, manga...bunda. Um horror. Mas era o que tínhamos.

Ao longo dos anos 2000, na Europa e na América do Norte, já se construía uma outra visão, um outro movimento. O patrocínio tinha a ver com proporcionar uma qualidade de vida melhor para as pessoas. Gerar momentos em família. Deixar memórias de situações vividas com alegria. Um evento musical, esportivo é emoção na veia. E proporcionar essa emoção é o que tornava as marcas importantes para o consumidor. Com isso, o retorno passou a ser analisado de uma outra maneira. Outros aspectos deveriam ser levados em consideração. Um pequeno evento local ou um evento regional que não têm tanta mídia assim pode gerar um retorno enorme. As análises precisariam ser customizadas, individualizadas e ampliadas além da mídia.

O grande questionamento que surgiu era: Será que podemos dizer de uma maneira absoluta que uma propriedade é boa para qualquer marca patrocinadora? Se levarmos em consideração a exposição de mídia, aquele *valuation* é o mesmo, independente se a marca colocada na camisa é Volkswagen ou Ambev. Vale a mesma coisa pois o tempo que a marca aparece nas mídias é igual. Mas será que mídia é o que a Ambev quer? É o que a Volkswagen quer? Com que importância? Além da mídia, outras entregas e contrapartidas podem e devem ser valoradas?

Surgiu a necessidade de lidar com os objetivos individuais de cada marca. Fazer a correspondência com os objetivos de marca e o que propriedade entrega.

ROI ou ROO?

Muitos gestores de marcas buscam o ROI, mas o retorno sobre investimentos, em uma análise objetiva do seu significado, é dinheiro. Ou seja, quanto voltou, em dinheiro, do dinheiro investido. Última linha. No patrocínio isso só faz sentido quando existe venda de produto e receitas atreladas diretamente à ação. Você vai patrocinar e vender seu produto no evento? Aí você terá elementos para cálculo de ROI. Fora isso, o ROI é uma fantasia. A métrica encontrada que responde ao resultado amplo e real do patrocínio foi o ROO. Retorno sobre Objetivos e esse é o padrão global até hoje. Termo cunhado por Paul Pednault da Sponsorium, e hoje amplamente difundido, o ROO começou a ser utilizado no Canadá para entender o retorno customizado. As empresas podem querer gerar vendas, e também querer se relacionar com seus consumidores, e também querer dar um benefício aos colaboradores, e também, veja só, exposição de mídia. E, com isso, todas as possibilidades de retorno e critérios foram sendo criadas. Vivas ao patrocínio, que consegue entregar tudo isso ao mesmo tempo!

O que você, marca, quer ao me patrocinar?

Estudos de 2017 mostraram que a exposição de mídia é apenas 32% da decisão e do objetivo de patrocínio de grandes marcas globais ao patrocinarem eventos e propriedades. Os restantes 68% estão relacionados a outros benefícios. Com isso, a maturidade de visão dos próprios gestores deu aos *rightsholders* uma margem muito maior para poderem criar propriedades e pacotes de patrocínio, mesmo sem ter uma grande exposição de mídia. E conseguirem obter o apoio das marcas sabendo com segurança seu valor. Saber o que o patrocinador quer como retorno de marca e o que a propriedade pode claramente entregar desse objetivo e em qual medida é essencial para o sucesso.

Essas perguntas que o ROO conseguiu responder fornecem uma relação transparente, segurança nos investimentos e, principalmente, o entendimento geral do porquê o patrocínio existe. E quanto vale para cada marca individualmente cada pacote de patrocínio.

Hoje o mercado está maduro, e aguardemos para abraçar o que vem pela frente em termos de novas métricas, se é que são necessárias. O que será que poderá substituir ou complementar o ROO e o custo-benefício sobre os objetivos individuais de marca? Não sabemos.

Na minha opinião pessoal, as métricas existem para podermos justificar algo que todos nós sabemos: Os eventos esportivos e culturais fazem a vida ser melhor, mais divertida, mais alegre. Vivas aos patrocinadores.

PARA CURTIR E SABER MAIS

Moneyball — O homem que mudou o jogo (2011)

O filme conta a história de Billy Beane, dirigente do Oakland A's, equipe de beisebol da MLB. O time tinha recursos escassos em comparação aos outros, mas Billy e seu assistente adotam uma estratégia baseada em dados e estatísticas para escolher quais atletas contratar. A iniciativa dá certo e os leva a uma série de vinte vitórias consecutivas e a um recorde na liga. Boa lição de como conhecer o mercado e buscar inovações para obter melhores resultados em negociações.

CAPÍTULO 10

O Apito Final

Em 2021, a Nickelodeon fez uma transmissão especial e inovadora dos playoffs da NFL entre o Chicago Bears e o New Orleans Saints. Com o objetivo de rejuvenescer a audiência do futebol americano, a transmissão era voltada para um público mais jovem e incorporava elementos característicos da Nickelodeon, como gráficos animados, efeitos visuais especiais e explicações simplificadas do jogo destinadas às crianças.

Além disso, a transmissão contou com a presença de personagens icônicos da Nickelodeon, como o Bob Esponja. Quando os jogadores faziam jogadas inusitadas, *slime* (a geleca pegajosa e grudenta que estava na moda entre as crianças) era derramada virtualmente sobre eles.

A iniciativa inusitada deu ares mais lúdicos e divertidos ao futebol americano, conectando o esporte com uma audiência mais jovem. O sucesso foi tamanho que, em 2023, a NFL repetiria a experiência, desta vez em parceria com a Disney, utilizando personagens de Toy Story.

O QUE FICOU NO PASSADO

Duas décadas atrás, a televisão era o núcleo agregador da família. O próprio posicionamento da TV, na sala das casas, era pensado para que todos os membros daquela família pudessem se posicionar em frente a ela para assistir à programação, em uma grade de TV aberta e predefinida pelas emissoras.

A grade de programação televisiva pautava a rotina das pessoas a ponto de servir como referencial cronológico. O jantar era servido na hora do *Jornal Nacional*, que era visto durante a refeição. Era comum acontecerem diálogos como:

— Passe lá em casa à noite!
— A que horas?
— Depois da novela.

Um exemplo marcante disso é como, até hoje, as pessoas se recordam de que o Plantão da Globo que anunciou os atentados às Torres Gêmeas do World Trade Center, em 11 de setembro de 2011, interrompeu um programa infantil pela manhã.

A métrica de todo esse sucesso, que era compartilhado de maneira mais ou menos equânime entre as emissoras, eram os pontos no Ibope, ou seja, o número de residências ligadas na emissora em cada estado, conforme uma determinada faixa de horário.

A partir da década de 2010, a experiência, que era coletiva e centrada, principalmente, em uma tela única, migrou para a experiência individual, consumida em telas menores de dispositivos móveis, como smartphones e tablets.

Com a disponibilidade do conteúdo *on-demand*, as pessoas passaram a escolher o que, quando e onde consumi-lo, já que ele estaria disponível a todo momento, e não restrito a um horário predeterminado.

Nenhum espectador perderia o capítulo da novela caso tivesse um compromisso durante a noite; se fosse o caso, no dia seguinte ele estaria disponível no canal do YouTube ou na plataforma de *streaming* da emissora. Não seria mais necessário ligar para o amigo ou perguntar à vizinha o que aconteceu no capítulo perdido.

As métricas de sucesso, consequentemente, também se multiplicaram, incluindo visualizações, curtidas, compartilhamentos e engajamento em plataformas de mídia.

Na era da TV aberta, o foco do consumidor estava mais voltado à construção profissional e familiar. Isso, atrelado às poucas opções de entretenimento e, portanto, à facilidade de escolher o que assistir, levava à criação de laços mais estreitos entre público e programação televisiva.

Já o consumidor atual busca a felicidade e o prazer imediatos para si. Em um cenário de disponibilidade infinita de opções de entretenimento, o processo de escolha do que assistir chega a ser cansativo, na mesma medida em que dá uma sensação de protagonismo para quem escolhe.

Todas as transformações se refletem, é claro, no perfil do consumidor de esportes. Se antes a programação esportiva era majoritariamente voltada ao público masculino, principal audiência esportiva da TV, hoje isso tem mudado (a ativação de marca da Heineken, que descrevo no Capítulo 8, exemplifica bem essa transição).

A experiência de consumo de entretenimento, mais individualizada ou concentrada em nichos ou silos, levou à ausência de figuras universais, aquelas que, antigamente, seriam extremamente populares entre todos.

Um exemplo disso é o fato de que muitos membros das gerações Z e Alpha não sabem quem é William Bonner, o âncora do jornal mais longevo transmitido em horário nobre. Por outro lado, grande parte dos *baby boomers* desconhece Cazé, o carioca que é um dos maiores *streamers* do mundo e figura icônica e querida pelos fãs de esporte.

Tirando eventos como a Copa do Mundo e os Jogos Olímpicos, entre raros exemplos que ainda unem massivamente as pessoas em torno deles, o que vivemos hoje é o fim da unanimidade.

SOMOS UM PAÍS HIPERCONECTADO

O Brasil é um país *cross-device*. De acordo com dados da Kantar Ibope, Deloitte e PwC, 70 milhões de lares brasileiros têm ao menos um aparelho de TV, enquanto há 250 milhões de smartphones em uso no país, mais do que um por habitante. Quarenta e nove por cento dos brasileiros busca no celular os produtos que viram em anúncios de TV, o que tem provocado um aumento nos investimentos em digital. Até 2027, a previsão é de que os investimentos no setor cresçam 35% em relação aos valores atuais.

O país é um terreno fértil para as estratégias de anúncios em diferentes canais. E os investimentos em publicidade estão em franca expansão. Em 2001, os valores totalizaram 6,9 bilhões de reais, chegando a 49 bilhões em 2020.

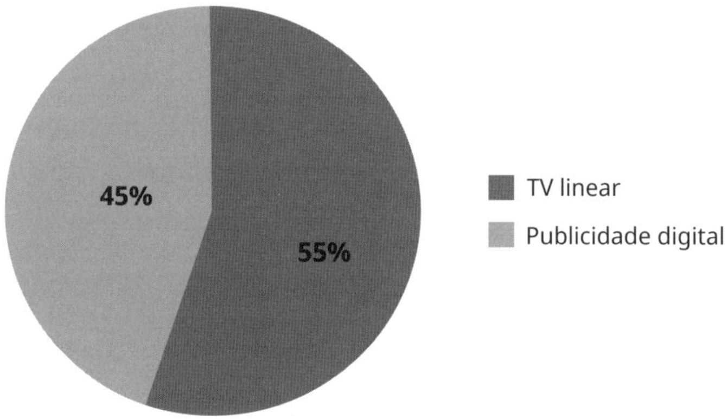

Gastos com publicidade por plataforma em 2021
Fonte: Deloitte

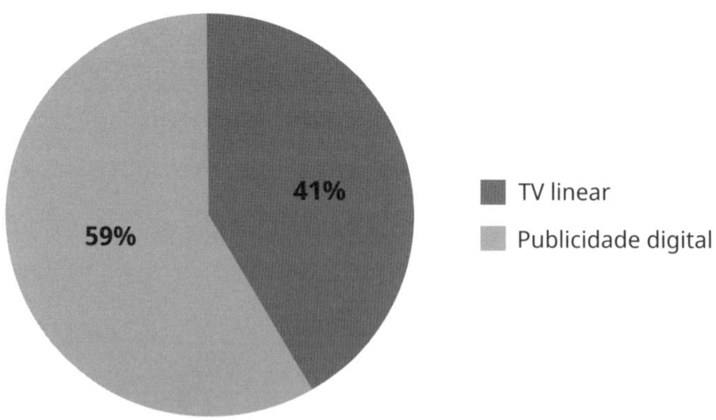

Gastos com publicidade por plataforma em 2026 (projeção)
Fonte: Deloitte

Ainda que haja uma oferta quase infinita de opções de entretenimento no âmbito digital, com um ecossistema em expansão exponencial que inclui plataformas de *streaming*, YouTube, Twitch, redes de vídeos curtos... o dia continua tendo 24 horas.

Esse é o desafio na economia da atenção.

A cada minuto:

- 500 horas de vídeo entram no YouTube.
- 6 milhões de buscas são feitas no Google.
- 1,7 milhão de conteúdos são compartilhados no Facebook.
- 347 mil tuítes são publicados no X (ex-Twitter).
- 66 mil fotos são compartilhadas no Instagram.
- 10 milhões de reais são gastos em publicidade ao redor do mundo.

Tudo isso está disputando o mesmo recurso: a atenção das pessoas.

Exposição de marca é bom, mas monetização é a chave.

O QUE NOS TORNA ÚNICOS

Na era da TV, esporte era coisa séria — e isso se refletia, inclusive, nas roupas usadas pelos jornalistas e comentaristas que cobriam modalidades esportivas, com blazers e ternos, gravatas e cabelos bem alinhados. A linguagem usada era técnica e específica para cada esporte, voltada ao universo masculino e ao público-alvo da TV aberta e do rádio.

Mas mudanças sociais exigem adaptações. Na era do consumo multiplataforma e da economia da atenção, as roupas dos jornalistas e comentaristas esportivos ficou muito mais casual, o linguajar, mais contemporâneo, despojado e bem-humorado (*meteu essa?*). Outra mudança importante foi o aumento da representatividade, agora com a presença (ainda minoritária, precisamos reconhecer) de mulheres e pessoas não brancas em frente às câmeras.

Atualmente, o esporte tem se descolado do jornalismo e ido em direção à linguagem do entretenimento — muito mais universal. Para a cobertura da Copa do Mundo de 2022, a Globo apostou em uma abordagem mais divertida em alguns momentos. No programa *Central da Copa*, apresentado por Alex Escobar, a cantora Jojo Todynho foi uma das comentaristas de algumas partidas, junto com o ex-atacante Fred. Na SporTV, a atriz Deborah Secco também participou como comentarista no *Tá na Copa*. É o surgimento de uma nova era.

AS ERAS DOS ESPORTES NA TV

- **Era da TV aberta (1955):** marcada pela hegemonia de grandes *players*, como Globo e Band. O consumo dos esportes era restrito, basicamente, a futebol, Fórmula 1 e Jogos Olímpicos.
- **Era da TV por assinatura (1991):** a TV por assinatura entra na disputa por audiência, com ESPN, SporTV, Fox Sports, Premiere, Band Sports e Combate. Elas trazem consigo as competições de esportes norte-americanos, como MMA, basquete, futebol americano, tênis.
- **Era da internet free (2015):** o YouTube faz a primeira transmissão ao vivo da história pela internet, exibindo a Copa do Rei. Inicia-se aqui a fase de popularização das competições de e-sports.
- **Era dos streamings (2021):** multiplicação exponencial dos espaços de transmissão. Torneios esportivos começam a negociar os direitos com vários *players*, sem necessariamente dar preferência a um deles. A democratização da possibilidade de fazer a própria transmissão transformou os hábitos de consumo de esportes. *Lives* transmitindo competições de X1 (um tipo de futebol "mano a mano", disputado entre duas equipes compostas de um jogador no campo e um goleiro), *beach tênis* ou e-sports reúnem milhões de pessoas.

O aumento do número de plataformas concorrendo pelos direitos de transmissão fez com que o preço desses direitos subisse, já que o leilão pela transmissão de determinados esportes está mais disputado.

Nesse novo cenário de disputa pela atenção, e de uma infinidade de conteúdos, o que faz com que o esporte se mantenha atraente para a audiência?

O primeiro fator é a *incerteza* do resultado, que prende a atenção. Essa incerteza, que nos permite torcer sem saber exatamente quem vai ganhar ou quem vai perder, é muito empolgante.

O segundo fator são os ídolos que resistem ao tempo e acompanham as gerações. Hoje, um jovem pode se manter bem-informado sem precisar saber quem é William Bonner, mas um jovem fã de futebol ou de Fórmula 1 certamente saberá quem é Pelé ou Ayrton Senna, mesmo que ainda nem tivesse nascido quando esses dois atletas brilharam.

O terceiro fator é a *emoção do ao vivo*. De novo, a imprevisibilidade é um fator importante, que faz com que o fã do esporte deseje assistir aos lances no momento em que eles ocorrem. Diferentemente de um capítulo da novela, que dá para assistir no dia seguinte e aproveitar da mesma forma, o esporte é *on-time*; ainda que você assista à final da Copa do Mundo na segunda-feira seguinte sem saber quem ganhou (algo praticamente impossível), você não sentirá vontade de torcer, pois sabe que aquilo já aconteceu.

O que torna os esportes únicos

O QUE VEM POR AÍ

— Inteligência artificial

O relatório “AI is Changing the Game” da Globant projeta que o mercado global de inteligência artificial nos esportes atingirá US$19,2 bilhões até 2030. Isso inclui diversas aplicações da IA no cenário esportivo, desde amplificar o desempenho das equipes e otimizar oportunidades e ações de patrocínio até simplificar operações esportivas e revolucionar a experiência dos fãs por meio de interações omnicanais sem interrupções.

A IA impactará o mundo dos esportes em três grandes frentes:

1. **Na experiência dos fãs:** A IA viabilizará a segmentação refinada das preferências por conteúdo e permitirá a hipercustomização, oferecendo uma experiência única com o conteúdo.
2. **Patrocínios e negócios:** As tomadas de decisão envolvendo investimentos e patrocínios serão mais orientadas por dados e menos por achismos ou gostos pessoais. O *real-time tracking* para social media facilitará a avaliação de *talkability* e a resolução de problemas *on-time*.
3. **Operações:** A operação do esporte, em setores como segurança, controle de fluxo de público, *schedule* da competição, será majoritariamente amparada pela IA.

Essa transformação gera impacto para os fãs, para os responsáveis pelas operações, mas também para os atletas. Afinal, a IA facilitará aos técnicos acompanhar com mais rigor a performance dos atletas e compará-la com performances anteriores ou com as de outros competidores, entender melhor o desempenho deles ao longo da competição, identificar quando ficam mais fadigados e quando têm melhor desempenho, e agir para potencializá-los ainda mais.

— **Protagonismo do esporte feminino**

Outro fator imperativo daqui em diante. Embora os esportes praticados por mulheres ainda não recebam a devida atenção, tanto do público quanto das marcas e entidades esportivas, o esporte feminino carrega consigo um importante componente de transformação social em direção à equidade. A sociedade atual busca isso. E fazer parte dessa tendência é muito importante para as marcas, como direcionadoras de comportamento de mercado.

É uma forma de a marca mostrar sua preocupação com questões importantes. Mesmo que o esporte masculino ainda tenha maior audiência, o esporte feminino tem entregas de valor que o superam bastante.

O *Media Trends and Predictions 2024*, produzido pela Kantar Media, afirma que, depois da pandemia de covid-19 e em meio a crises ambientais e sociais em todo o mundo, o ativismo de marca está em ascensão. Essa tendência se manterá, pois os consumidores, por sua vez, estão cada vez mais buscando marcas que se posicionem frente a questões sociais e políticas.

— **Novas tecnologias**

Indo ao encontro da IA e das tendências de disrupção no mercado, novas tecnologias prometem uma experiência imersiva única para os fãs dos esportes. O Apple Vision Pro, óculos de realidade virtual e realidade aumentada, propõe aos consumidores uma experiência revolucionária com os esportes.

Em tese, será possível usar os óculos em casa e ter a mesma experiência do estádio, no conforto e na segurança do lar. Basta saber se as emissoras investirão em equipamentos de captação de imagens e transmissão, para oferecer essa experiência de maneira completa e que funcione.

O *Global Sports Survey 2023* da PwC aponta em direção semelhante, com a tendência de implementação dos *smart stadia* — estádios inteligentes — com tecnologia capaz de aprimorar a experiência dos fãs e organizadores de eventos. O conceito de arenas inteligentes inclui desde grandes telas visuais até a emissão de ingressos digitais, ofertas personalizadas de alimentos e bebidas, e gêmeos digitais de espaços físicos, que poderão ser explorados mesmo a quilômetros de distância do estádio real.

Implementar os *smart stadia* resultaria em aumento do engajamento dos fãs, coleta aprimorada de dados, eficiência operacional e oportunidade comercial. Obviamente, tudo isso tem um custo elevado. Ainda é preciso avaliar se os benefícios valerão a pena.

— **Frienemy**

A união de forças opostas é uma tendência para que *players* concorrentes se fortaleçam mutuamente em determinados momentos. O Tik-

Tok, por exemplo, disputa verba publicitária com a Globo (e com todos os outros canais de mídia e entretenimento), mas esteve presente nas duas últimas edições do BBB. Da mesma forma, Globoplay e Prime Video são serviços de *streaming* concorrentes, no entanto, o Prime Video é patrocinadora do futebol na Globo.

Ou seja, em alguns momentos, essas empresas são concorrentes; em outros, elas colaboram. Afinal, tanto as emissoras de TV quanto as *Big Techs* entenderam que cada uma tem expertises em determinados campos que as tornam quase imbatíveis; assim, é muito mais vantajoso operar em colaboração algumas vezes do que ignorar isso.

"Publicidade é associar espaços ao uso de algoritmos e ao conteúdo."
Manzar Feres

— **Sportainment**

Em 2022, o canal na Twitch de Gaules, ex-jogador profissional de Counter Strike (CS) e *streamer* de games, somou mais de 103 milhões de horas assistidas, chegando a ser o maior canal do mundo na plataforma.

Em novembro de 2023, estreou a *The Netflix Cup*, uma disputa de golfe entre pilotos de Fórmula 1 e golfistas profissionais, primeiro passo de uma provável entrada em definitivo no mundo dos esportes ao vivo da maior plataforma de *streaming* do mundo.

O canal do Baianinho de Mauá tem em média 200 mil visualizações nos *highlights* de suas partidas de sinuca. Sem falar no fenômeno chamado Cazé e sua Cazé TV, dos quais falei em mais detalhes no Capítulo 3.

Tudo significa que não podemos esquecer: a época de o esporte ser coisa séria chegou ao fim. Hoje existe cada vez mais espaço e demanda por conteúdo fora da caixa, com variedades de esportes e transmissões mais autênticas e bem-humoradas.

Existe vida além da televisão. Mas ela também pode estar conectada.

— **Adaptação do conteúdo à audiência**

Abri o Capítulo 10 justamente contando sobre o momento em que figuras como Bob Esponja e personagens do Toy Story invadiram o futebol americano. Percebendo que sua base de fãs está envelhecendo e que precisava rejuvenescer a audiência, a NFL apostou em uma estratégia bastante inusitada e inovadora.

Em uma parceria com a Nickelodeon em 2022 — que viria a se repetir com a Disney em 2023 —, os jogos foram transmitidos com segundos de *delay* para que os personagens pudessem replicar as ações dos atletas ou reagir a elas, em realidade virtual na transmissão ao vivo.

Em julho de 2023, foi exibido o *Formula 1 For Kids*, em uma parceria da Fórmula 1 com o Sky Group para a transmissão do Grande Prêmio da Hungria. Por meio de realidade aumentada em 3D, os pilotos foram totalmente gamificados, em um gráfico *child-friendly*, que simulava uma corrida de videogame.

Para agradar àqueles que não querem perder nenhuma partida de futebol que esteja rolando, a ESPN lançou o RedZone para a National Football League (NFL). O canal alterna entre partidas exibindo sempre aquela na qual está prestes a haver um *touchdown*. É o fim das partidas sem graça. Com o RedZone, o espectador sempre verá a partida com melhores lances, ao vivo. Para A Premier League (campeonato inglês de futebol), o Star+ incluiu o mosaico multijogos, por meio do qual é possível ver até quatro partidas simultaneamente.

Além disso, tendo em vista que as novas gerações costumam assistir a vídeos com os smartphones na vertical, a Copa do Mundo de Críquete foi toda transmitida também em formato 9:16 para dispositivos móveis, na vertical. Assim, o esporte mais popular na Índia e, por isso, um dos maiores do mundo, se conectou com a sua nova audiência.

E por falar em críquete, em 2023, ele foi confirmado como esporte olímpico e estará presente em Los Angeles 2028. Mais um passo do Comitê Olímpico Internacional na iniciativa de ampliar e renovar a audiência dos jogos, motivo pelo qual incluiu o skate e o surfe em Tóquio2020, e o breaking, em Paris 2024.

Em 2021, o mercado global de patrocínio esportivo movimentou 61,1 bilhões de dólares. Projeções apontam que, até 2030, esse valor será de 109,1 bilhões de dólares. Ou seja, há uma oportunidade gigantesca para as marcas se associarem ao esporte a fim de vender seus produtos e, sobretudo, aumentar ainda mais seu público, por meio de uma base de fãs diversificada e apaixonada.

Todos esses exemplos nos mostram que o jeito de consumir esportes e entretenimento mudou e vai continuar mudando, portanto, antena ligada! A certeza de que fórmulas antigas já não resolvem problemas novos e a humildade de reaprender constantemente são parte integrante do kit de ferramentas de qualquer profissional que queira ter sucesso nessa indústria.

Ao chegarmos ao fim deste livro, olho para trás com um sorriso, pensando na jornada que compartilhamos. Escrevi estas páginas porque senti que, apesar de termos um mercado cheio de craques em que me inspiro, faltava conhecimento estruturado sobre patrocínios no Brasil, especialmente no esporte e entretenimento, e que eu, com meus mais de quinze anos nessa área, tinha algo a dizer.

É incrível acompanhar de dentro e ver como essa indústria tem crescido por aqui. Cada parceria, cada evento. Este livro é um pedaço da minha experiência e paixão por esse mundão.

Saio daqui com um otimismo contagiante. Sobre o futuro dos patrocínios no Brasil? Promissor!

Cada um de nós tem um papel importante nessa história, e eu só tenho a agradecer por você ter lido até aqui. Que os próximos anos sejam cheios de parcerias memoráveis, eventos marcantes e que você possa se orgulhar do seu legado na indústria de patrocínios.

Referências

AI is changing the game. Globant, 2023.

ALVES, S. BBB 23: por que cada vez mais empresas investem milhões para aparecer no programa. Disponível em: https://epocanegocios.globo.com/empresas/marketing/noticia/2023/01/bbb-23-por-que-cada-vez-mais-empresas-investem-milhoes-para-aparecer-no-programa.ghtml

APÓS jogar tablet de patrocinadora no chão, Tom Brady recebe aviso da NFL. Disponível em: https://mktesportivo.com/2021/12/apos-jogar-tablet-de-patrocinadora-no-chao-tom-brady-recebe-aviso-da-nfl/

ASSUMPÇÃO, J. C. Parceria Palmeiras-Parmalat é alvo da Polícia Federal. Disponível em: https://www1.folha.uol.com.br/folha/dinheiro/ult91u79783.shtml

BIRNBAUM, J. Michael Jordan Is Now Worth $3 Billion And Joins the Forbes 400. Disponível em: https://www.forbes.com/sites/justinbirnbaum/2023/10/02/michael-jordan-joins-forbes-400-worth-3-billion/

BOUNCING back. Sports Survey. PwC, 2023.

CARDIA, W. *Marketing esportivo e administração de arenas*. São Paulo: Atlas, 2014.

CARVALHO, J. WSL movimenta mais de R$ 97 milhões no Vivo Rio Pro em Saquarema. Disponível em: http://wsllatinamerica.com/vivo-rio-pro-em-saquarema/

COBRA, M. *Marketing no entretenimento*. São Paulo: Senac, 2008.

COLLETT, P; FENTON, W. *O manual do patrocínio: Ferramentas, dicas e técnicas essenciais para quem patrocina e quem busca patrocínio*. São Paulo: DVS Editora, 2014

COM dores, Isaiah Thomas enfrenta cirurgia no quadril. Disponível em: https://www.espn.com.br/nba/artigo/_/id/4137339/com-dores-isaiah-thomas-enfrenta-cirurgia-no-quadril

CONTINENTAL Pneus Renova patrocínio Copa do Brasil 2023. Disponível em: https://www.conti.com.br/newsroom/newsroom-institutional/continental-pneus-renova-patrocinio-copa-do-brasil-2023/

CORNWELL, T. B. *Sponsorship in Marketing: Effective Partnerships in Sports, Arts and Events*. Oxfordshire: Routledge, 2020.

DANIEL, P.; HAZAN, G. Relatório de Impacto Econômico Vivo Rio Pro apresentado por Corona. Disponível em: https://www.ey.com/pt_br/media-entertainment/ey-vivo-rio-pro-corona-wsl

DONATON, S. *Publicidade + entretenimento*. São Paulo: Cultrix, 2004.

ELBERSE, A. *Blockbusters – como construir produtos vencedores no negócio do entretenimento*. Rio de Janeiro: Alta Books / Campus, 2014.

EMPODERANDO clubes e fãs da NFL com a ajuda do Microsoft Playbook. Disponível em: https://news.microsoft.com/pt-br/empoderando-clubes-e-fas-da-nfl-com-a-ajuda-do-microsoft-playbook/

FISHER, R.; URY, W.; PATTON, B. *Como chegar ao sim: Como negociar acordos sem fazer concessões*. Rio de Janeiro: Sextante, 2018.

FLAMENGO atinge seu maior índice de torcedores, aponta Datafolha. Disponível em: https://www1.folha.uol.com.br/esporte/2023/08/flamengo-atinge-seu-maior-indice-de-torcedores-aponta-datafolha.shtml

FREITAS, G. Isaiah Thomas: “Fui sacaneado pelo Boston Celtics”. Disponível em: https://jumperbrasil.lance.com.br/isaiah-thomas-fui-sacaneado-pelo-boston-celtics/

GALLO, C. *Storytelling: Aprenda a contar histórias com Steve Jobs, Papa Francisco, Churchill e outras lendas da liderança.* Rio de Janeiro: Alta Books, 2019.

INFLUENCER Trends You Should Care About. Ogilvy, 2023.

JOJO Todynho, Deborah Secco e mais: conheça as apostas da Globo para a Copa do Mundo. Disponível em: https://www.lance.com.br/fora-de-campo/jojo-todynho-deborah-secco-e-mais-conheca-as-apostas-da-globo-para-a-copa-do-mundo.html

KOTLER, P.; KELLER, K. L. *Administração de marketing.* São Paulo: Pearson Universidades, 2016.

LAVIERI, D. Há 20 anos, Palmeiras acertava acordo com Parmalat que encerraria fila de títulos. Disponível em: https://www.uol.com.br/esporte/futebol/ultimas-noticias/2012/04/07/ha-20-anos-palmeiras-acertava-acordo-de-co-gestao-com-parmalat-que-o-tiraria-da-fila.htm

LESÃO no quadril de Isaiah Thomas pode melar troca entre Celtics e Cavs. Disponível em: https://sportv.globo.com/site/nba/noticia/2017/08/lesao-no-quadril-de-isaiah-thomas-pode-melar-troca-entre-celtics-e-cavs.html

LIMA, M. BBB 23: marcas pagam R$ 1 bilhão em patrocínio. Disponível em: https://forbes.com.br/forbes-money/2023/01/bbb-23-marcas-pagam-r-1-bilhao-em-patrocinio/

ROCCO JÚNIOR, A.; MARTINS, D. J. Q.; BASTOS, F.; GONÇALVES, R; SONODA-NUNES, R. *Marketing esportivo.* Curitiba: InterSaberes, 2021.

MCCARTHY, J. *Basic Marketing, a Managerial Approach.* Homewood: Richard D. Irwin, Inc., 1960.

MCCORMACK, M. H. Isso você não aprende em Harvard: Os ensinamentos de um dos maiores empresários de todos os tempos. Rio de Janeiro: Intrínseca, 2023.

MEDIA Trends & Predictions 2024. Kantar Media, 2023.

MELO NETO, F. P. *Marketing esportivo: O esporte como ferramenta do marketing moderno.* São Paulo: Bestseller, 2013.

O'REILLY, N.; ABEZA, G.; HARRISON, M. *Sport Sponsorship Insights*. Oxfordshire: Routledge, 2023.

OLIVEIRA, J. #LikeAGirl é eleita a melhor campanha de PR do século. Disponível em: https://propmark.com.br/likeagirl-e-eleita-a-melhor-campanha-de-pr-do-seculo/

PAQUELET, B. Não se preocupe em "vencer" uma negociação. Disponível em: https://vocesa.abril.com.br/coluna/breno-paquelet/nao-se-preocupe-em-vencer-uma-negociacao

PAYNE, M. A virada olímpica: Como os Jogos Olímpicos tornaram-se a marca mais valorizada do mundo. Rio de Janeiro: Casa da Palavra, 2006.

PEREIRA, S. *Atenção: O maior ativo do mundo*. São Paulo: Gente, 2018.

RELATÓRIO Anual de Marketing da Nielsen 2023. Nielsen, 2023.

SIMON, A. Circuito Mundial de Surfe alcança 6,4 milhões e tem crescimento no SportTV. Disponível em: https://www.uol.com.br/esporte/colunas/allan-simon/2023/09/15/circuito-mundial-de-surfe-alcanca-64-milhoes-e-tem-crescimento-no-sportv.html

SKILDUM-REID, K.; GREY, A. M. *The Sponsorship Seekers's Toolkit*. Chicago: McGraw-Hill, 2014.

SOCIAL media na prática: A falha dos tablets Surface da Microsoft. Disponível em: https://buzzmonitor.com.br/blog/social-media-na-pratica-a-falha-dos-tablets-surface-da-microsoft/

STATE of play. Data-driven personalization: The future of streaming content discovery. Nielsen, 2023.

THOMPSON, D. *Hit makers: Como nascem as tendências*. Rio de Janeiro: HarperCollins, 2018.

UEFA e Coca-Cola se posicionam sobre caso envolvendo Cristiano Ronaldo. Disponível em: https://mktesportivo.com/2021/06/uefa-e-coca-cola-se-posicionam-sobre-caso-envolvendo-cristiano-ronaldo/

VANCE, P. S.; NASSIF, V. M. J.; MASTERALEXIS, L. P. *Gestão do esporte*. Rio de Janeiro: LTC, 2015.

VEM AÍ na creator economy. Youpix, 2023.

YOUSIF, N. The hazy history of Nathan's hot dog eating contest. Disponível em: https://www.bbc.com/news/world-us-canada-66101244

Índice

A

B

C

D

E

V

W